CARTAS XAMÂNICAS

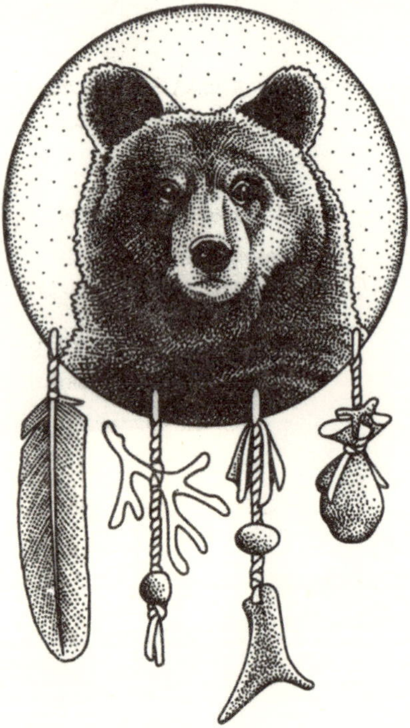

Jamie Sams & David Carson

CARTAS XAMÂNICAS

A DESCOBERTA DO PODER ATRAVÉS DA ENERGIA DOS ANIMAIS

Ilustrações de
ANGELA C. WERNEKE

Tradução de
PEDRO KARP VASQUEZ
ALZIRA M. COHEN

Rocco

Título original
MEDICINE CARDS:
The Discovery of Power / Through the Ways of Animals

Copyright do texto © 1988 *by* Jamie Sams & David Carson
Copyright das ilustrações © 1988 *by* Angela C. Werneke

"Medicine Cards" é uma marca registrada por
David Carson & Jamie Sams

Nenhuma destas ilustrações, assim como nenhuma
parte destas ilustrações, pode ser reproduzida por quaisquer meios,
ou sob qualquer forma, sem prévia autorização da editora Rocco.

Direitos para a língua portuguesa reservados
com exclusividade para o Brasil à
EDITORA ROCCO LTDA.
Rua Evaristo da Veiga, 65 – 11º andar
Passeio Corporate – Torre 1
20031-040 – Rio de Janeiro, RJ
Tel.: (21) 3525-2000 – Fax: (21) 3525-2001
rocco@rocco.com.br
www.rocco.com.br

Printed in Brazil/Impresso no Brasil

revisão técnica
ANNA MARIA LOBO

preparação de originais
HELENA DRUMMOND

CIP-Brasil. Catalogação na fonte.
Sindicato Nacional dos Editores de Livros, RJ.

S187c	Sams, Jamie, 1951-
	    Cartas xamânicas: A descoberta do poder através da energia dos animais / Jamie Sams & David Carson; ilustrações de Angela C. Werneke; tradução de Pedro Karp Vasquez, Alzira M. Cohen. Rio de Janeiro, Rocco, 2017.
	    il.
	
	Tradução de: Medicine cards: the discovery of power through the ways of animals
	
	ISBN: 85-325-1111-2
	
	1. Cartomancia. 2. Animais – Miscelânea. 3. Cura – Miscelânea. 4. Índios da América do Norte. – Religião e Mitologia. I. Carson, David, 1937-. II. Título. III. Série.

00-0101	CDD-133.32429 CDU-133:794.73

É com grande amor e respeito que dedicamos este trabalho
à vovó Twylah, por toda uma vida devotada ao serviço
dos ensinamentos do Clã do Lobo e aos filhos da Mãe Terra.
Para *Ya-weh-node*, dona da voz que cavalga os ventos.

Sumário

Agradecimentos 9
Introdução 11
A energia de cura dos animais 13
Os poderes transformadores dos animais 16
Os nove animais totêmicos 18
A Roda de Cura 22
O Escudo de Cura 24
Como consultar as Cartas Xamânicas 28
Cartas contrárias 38
Cartas com escudo em branco 41

AS CARTAS XAMÂNICAS

1. Águia 45
2. Falcão 49
3. Alce 53
4. Corça 57
5. Urso 61
6. Cobra 65
7. Gambá Americano 69
8. Lontra 75
9. Borboleta 79
10. Tartaruga 83
11. Alce Americano 87
12. Porco-espinho 91
13. Coiote 97
14. Cachorro 103
15. Lobo 107

16. Corvo 111
17. Puma 117
18. Lince 121
19. Búfalo 125
20. Rato 129
21. Coruja 133
22. Castor 137
23. Gambá 141
24. Gralha 145
25. Raposa 151
26. Esquilo 155
27. Libélula 159
28. Tatu 163
29. Texugo 167
30. Coelho 173
31. Peru 179
32. Formiga 183
33. Doninha 187
34. Galo Silvestre 191
35. Cavalo 195
36. Lagarto 201
37. Antílope 205
38. Sapo 209
39. Cisne 213
40. Golfinho 219
41. Baleia 223
42. Morcego 227
43. Aranha 231
44. Beija-flor 235

Notas 239
Sobre a ilustradora 245

Agradecimentos

Eu gostaria de agradecer a minhas Mestras de Sabedoria, às mulheres que me transmitiram os ensinamentos sagrados em confiança: Opa!, minha mãe, e minhas tias, Ruby, Agnes e Phoebe. Possam todas vocês saber que eu honrei os ensinamentos mágicos e os transmiti àqueles que podem empregá-los de maneira positiva. Sinto os corações de vocês sorrindo para mim através da Estrada Azul do Espírito e meu coração se regozija com isso. Eu não sou mais *aquele ser invisível*.

DAVID CARSON

Eu gostaria de agradecer aos meus mestres xamânicos, aos homens e mulheres que me conduziram através do Vazio do Grande Espelho de Fumaça. A Joaquin, meu belo instrutor maia; vovô Taquitz, que me dedicou amor incondicional; vovó Twylah, minha permanente fonte de inspiração; e minhas duas avós, Olua e Verna, muito obrigada a vocês por terem me ensinado a tocar as estrelas, a manter meu coração aberto e a agir de acordo com minhas próprias convicções.

JAMIE SAMS

Ambos gostaríamos de agradecer à equipe da editora Bear & Company pela atenção extrema devotada ao árduo trabalho de divulgação deste ensinamento para a humanidade. Agradecimentos especiais a Gail Vivino por seu trabalho incansável na preparação e edição destes originais. Gostaríamos de expressar nossa mais profunda gratidão à nossa maravilhosa ilustradora, Angela C. Werneke, por ter conseguido captar fielmente a essência de cada um dos Seres-Animais de maneira tão sensível. Enviamos amor à nossa *doce Nina*, que soube manter a energia viva e datilografou e redatilografou exaustivamente os originais. Agradecemos também a *todos os nossos parentes do reino animal* – nós honramos suas vidas e louvamos suas luzes!

Introdução

Ao compilar os ensinamentos secretos que aprendemos diretamente do reino animal ou por intermédio de nossos professores ao longo dos anos, descobrimos que esses ensinamentos deviam ser amplamente divulgados, de modo a contribuir para a conscientização de todos. No espírito do Clã do Lobo, nós, como mestres, decidimos desenvolver um método divinatório capaz de ajudar cada alma a encontrar seu caminho pessoal por meio dos segredos ocultos dos animais.

Os ensinamentos variam de tribo para tribo; por isso, decidimos utilizar alguns aspectos dos segredos ocultos de cada um dos animais para deles extrair lições de vida que possam ser aplicadas na busca da harmonia em todas as nossas relações. Esses ensinamentos nos chegaram através da natureza e, portanto, devem retomar à natureza. Cada Coisa e cada Ser da criação divina possuem um lugar único e especial dentro da grande Roda de Cura.

Somos muito afortunados por termos recebido estes ensinamentos de diversos anciões, sábios das tradições dos povos Choctaw, Lakota, Seneca, Asteca, Yaqui, Cheyenne, Cherokee, Iroquês e Maia. Em virtude da riqueza dos ensinamentos contidos nessas tradições, nós apenas desvelamos uma pequena parcela dos conhecimentos mais profundos que podem ser adquiridos por meio deste sistema divinatório. Nosso propósito ao criar este sistema não foi o de esgotar todos os segredos ocultos dos animais. Nossa intenção, como xamãs e curadores, foi a de despertar um pouco de sentimento de identificação nas mentes das pessoas que nunca tiveram uma compreensão maior da conexão que elas mantêm com a Mãe Terra e com todas as criaturas que nela vivem. Pretendemos também descortinar uma nova possibilidade de entendimento para todos aqueles que buscam a Unificação com todas as formas de vida.

Todas as visões que tivemos relacionadas com este sistema nos mostraram que se trata de um caminho prazeroso para o entendimento do que realmente significa *caminhar em harmonia com a Mãe Terra*. Nossos animais pessoais de poder comunicaram-se conosco por meio da Dimensão dos Sonhos e solicitamos a eles que compartilhassem conosco todos os ensinamentos que têm a nos transmitir. Pedimos ajuda para divulgar e introjetar o conceito de que toda forma de vida é sempre sagrada.

Este sistema de aprendizado e de adivinhação produziu grandes poderes de cura em nossas vidas, e nos trouxe muito poder e alegria durante sua preparação. Trata-se de um presente dos nossos amigos de quatro patas, dos rastejadores, dos nadadores e dos seres alados. Possam estes ensinamentos enriquecer as vidas de todas aqueles que os assimilarem, e que todos vocês sintam nosso amor nesta jornada que vamos fazer juntos.

Four Winds,
Jamie Sails & David Carson

Dã nãho! Wi:yo:h!
(Está dito! É bom!)

A energia de cura dos animais

Para se compreender o conceito de cura segundo as concepções dos índios norte-americanos, é preciso repensarmos o que entendemos por "cura". O que chamamos de cura neste livro é tudo aquilo que propicia uma conexão maior de cada um de nós com o Grande Mistério e com todas as formas de vida. Isto inclui a transformação do corpo, da mente e do espírito. Mas cura, para nós, também é tudo aquilo que nos propicia aumento do poder pessoal, da força e da capacidade de entendimento. É igualmente o viver a vida de forma a contribuir para a saúde da Mãe Terra e de todas os nossos parceiros, familiares, amigos e nossos companheiros do mundo animal. A medicina dos índios norte-americanos é mais do que um sistema de cura, é um estilo de vida abrangente que pressupõe continuar a viver na Mãe Terra estando em perfeita harmonia com toda o Universo.

Nossos companheiros animais exibem padrões de comportamento capazes de transmitir mensagens ocultas a qualquer pessoa atenta o bastante para captar suas lições de vida. Os valiosos ensinamentos dos animais constituem um presente que a natureza nos dá, e cada lição está baseada num conceito ou numa ideia mais abrangente. Para simplificar a compreensão deste processo, associamos cada animal a uma destas lições de vida. Mas, para falar a verdade, cada animal na criação possui centenas de lições para compartilhar conosco e todas estas lições possuem poderes que também podem ser invocados e utilizadas.

Quando você invoca o poder de um determinado animal, está pedindo para ser colocada em perfeita sintonia com a força representada pela essência desta criatura. O processo de adquirir conhecimento e compreensão destes nossos irmãos e irmãs do mundo animal é delicado, e deve ser cercado de muita intuição e humildade. Selecionamos alguns aspectos das lições de vida que nos são dadas por estes irmãos e irmãs para que sirvam de símbolos das lições que cada espírito necessita aprender na Boa Estrada Vermelha. São lições que nos ensinam a tornarmo-nos mais humanos, vulneráveis e sensíveis, buscando a unificação com tudo o que existe. Elas constituem parte da senda do poder. O poder reside na sabedoria e na verdadeira compreensão do papel de cada um no Grande Mistério, assim como em honrar cada ser vivo como um mestre para nós. Isto porque as lições por eles ensinadas são eternamente válidas e estão sempre acessíveis. Quando cessa o aprendizado também cessa a magia, e a própria vida se extingue.

Este sistema divinatório é apenas um pequeno aspecto no processo que ensina uma pessoa a ser intuitiva, a buscar os ensinamentos diretamente na natureza, a se relacionar com o Grande Mistério das criaturas, e a discernir o óbvio dentro do silêncio. Este silêncio da mente serena constitui a fertilidade sagrada de um espírito receptivo. Se você usar este sistema divinatório em silêncio, descobrirá um assombroso mundo novo entrando em contato com você por meio da comportamento de nossos companheiros – os animais!

É possível encontrar animais que se comunicam com você de modo mais particular – através do poder. Estes animais podem lhe ensinar segredos de cura especiais e podem chamá-lo para que você os acompanhe na Dimensão dos Sonhos, onde pode analisá-los mais pormenorizadamente. Seus aliados do poder são aqueles tipos de animais com os quais você descobriu ter uma forte identificação. Eles serão os mestres, que irão ajudá-lo a aprender e a crescer. Vale a pena lembrar que nada pode substituir a observação destes animais em seu hábitat natural, porque isto liga você com a Terra, com o reino animal e com o Grande Mistério.

O espírito aliada do poder pode decidir penetrar na consciência daquele que percorrer o Caminho Mágico por muitos anos, para ajudá-lo a realizar suas curas. Isto é parte do processo iniciático da Magia Animal e traz enorme poder para o curador.

Para aprender a despertar os poderes sutis de qualquer pessoa, animal ou força natural, é preciso manter uma atitude sempre reverente e estar disposto a aceitar ajuda. Por exemplo, os filhos pequenos dos índios norte-americanos, quando estão perdidos, sabem que podem invocar a energia de seus pais. Isto traz para eles a força dos pais, apesar de estes não estarem fisicamente presentes. Os pais, por sua vez, sentirão o apelo da criança e, frequentemente, serão capazes de enxergar através dos olhos de seus filhos, conseguindo visualizar, desta forma, o local onde estes se encontram. Este é o tipo de poder que decorre da ideia de unificação, segundo a qual cada ser tem em si parte de todos os outros seres. É a lei da Unidade.

Também é possível apelar para a força ou o poder energético de um determinado animal quando alguém necessita de um talento específico. Como todas as coisas neste universo possuem a mesma unidade constitutiva – o átomo –, não seria exagero supor que todos nós nos comunicamos por meio do denominador comum de cada átomo: a força criadora do Grande Espírito que reside na essência do Grande Mistério. Foi o ensinamento destas verdades que conduziu os índios à Sabedoria, e estas mesmas verdades podem abrir as portas da Sabedoria para você.

Os poderes transformadores dos animais

Na antiguidade, um iniciado, um buscador da verdade ou uma pessoa necessitando de ajuda procurava os Anciões. Os Anciões eram normalmente um grupo de seis, e permaneciam ao norte. Os Anciões eram sábios, não apenas pelo fato de terem vivida longas vidas, mas sobretudo porque conheciam os segredos do mundo interior. Eles compreendiam as trilhas de Lobo da mente, tinham visões proféticas e possuíam diversos dons, e adquiriam poderes especiais.

Tente imaginar os seis Anciões sentados ao norte, reunidos em conselho sob a lua crescente e tendo diante de si uma exuberante fogueira. No solo há uma lua crescente desenhada com grãos de milho. Três Anciões permanecem sentadas em silêncio à esquerda, enquanto você se aproxima, vindo do sul, e três mulheres Anciãs encontram-se sentadas à direita. Eles brilham à luz do fogo, cercados pela escuridão. Você se senta diante do segundo Ancião, aquele que está entre os seus dois companheiros. Os olhos do Ancião, indômitos como os de um Falcão, imobilizam você com a força de um torno. Ele levanta uma Sacola de Talismãs, adornada com contas e desenhos de símbolos do poder, munida de franjas em sua parte inferior.

O homem sentado ao centro faz um gesto indicando que você deve procurar algo dentro da sacola. Você obedece e retira dali uma garra de Urso ou uma presa de Lobo. Ele ordena então que a coloque no chão, entre vocês dois, numa determinada posição. Você obedece e continua a retirar objetos de dentro da sacola e a colocá-los em torno do primeiro objeto, em posições que indicam significados específicos. Cada objeto em si já simboliza um dom ou uma lição, dependendo de sua posição ou da direção em que foi colocado.

A mulher sentada no centro, entre suas duas companheiras, examina os objetos e o desenho por eles formada no solo, e começa a falar com você num tom de voz muito doce. Parece saber tudo a seu respeito e tem o poder de desnudar os segredos de sua alma. Ela é uma grande conselheira e também uma guia precisa, capaz de dizer se você está no caminho certo ou se você se afastou de sua própria trilha. Ela é capaz de dizer se alguma pessoa, ou algum poder nefasto, o iludiu e como isto aconteceu. Ela é capaz de diagnosticar e sugerir soluções para qualquer tipo de problema de saúde que você porventura tenha. Assim como é capaz de auxiliá-lo em seu desenvolvimento espiritual, ela o leva a olhar para dentro de si mesmo de uma maneira nova e profunda, que o faz perceber sua identidade com todas as formas de vida no universo. Ela é capaz de lhe dar conselhos sobre qualquer questão que você tenha. Quando você finalmente se despede dos Anciões, sente-se mais poderoso, capaz de enfrentar qualquer tipo de situação. Você se sente dono da plenitude do seu próprio ser.

    A necessidade deste tipo de orientação pessoal é grande nos dias de hoje, e atendê-la é função das Cartas Xamânicas. Vivemos numa época em que as pessoas se afastaram da natureza e dos poderes superiores, o que empobreceu consideravelmente suas vidas. As Cartas Xamânicas constituem um método eficaz para corrigir essa desagregação e levar as pessoas de volta à união com a natureza e com o Grande Mistério.

Os nove animais totêmicos

Cada ser humano possui nove animais totêmicos, que simbolizam os poderes que ele carrega consigo em sua jornada na Terra. Cada um destes animais ilustra e estimula um determinado dom, desperta algum talento, ou ainda nos coloca frente a frente com algum desafio.

Por exemplo, se uma pessoa tem o Lobo como seu animal de poder, esta pessoa é autossuficiente, é um professor nato, um inovador e um desbravador de novos caminhos. Isso não significa obrigatoriamente que ela tem conhecimento destes talentos e os esteja utilizando em sua plenitude. Quer dizer apenas que o Lobo está ali para conduzir esta pessoa para uma completa percepção dos talentos que precisam ser desenvolvidos. Caso a pessoa passe pela vida ignorando estes dons, podemos inferir que o Lobo aparece dentro dela na posição invertida.

Quando você vem para sua jornada na Terra, Sete Direções circundam o seu corpo físico: Norte, Sul, Leste, Oeste, Acima, Abaixo e Dentro. A direção chamada "Dentro" existe em seu interior, mas também ao seu redor, pois todo o universo está contido em sua própria consciência. Saiba que você possui um animal totêmico para explicar as lições de cada uma destas direções. Para descobrir estes animais totêmicos por sua própria conta, coloque o baralho diante de si, em semicírculo, com a face voltada para baixo. Pegue então um pedaço de papel e escreva, à direita, a palavra Leste, pois o Leste é o Portal Dourado, o ponto de entrada do Escudo Curativo. Depois escreva Leste, Sul, Oeste, Norte, Acima, Abaixo e Dentro no lado esquerdo de sua folha de papel. Procure se acalmar, silenciar seus pensamentos, e então peça, de forma reverente e sincera, aos animais, que são seus ajudantes e guias, auxílio para guiar suas mãos para as cartas corretas. A primeira carta será a Carta do Leste, a segunda a Carta do Sul, e assim sucessivamente, segundo a ordem previamente indicada. Faça o mesmo com todas as sete direções. Anote então os nomes destes animais ao lada das direções em sua folha de papel. Esta seleção poderá surpreendê-lo a princípio, mas deverá estar correta, pois, apelando para esse processo intuitivo, você, como um buscador da verdade, entrará em conexão com seus guias pessoais. É importante lembrar que este procedimento deve ser feito apenas uma vez, somente para definir os animais correspondentes a cada uma de suas direções: são estes os seus animais totêmicos. Não se deve repetir este processo. Os animais escolhidas representam os seus animais de cura, os seus Totens.

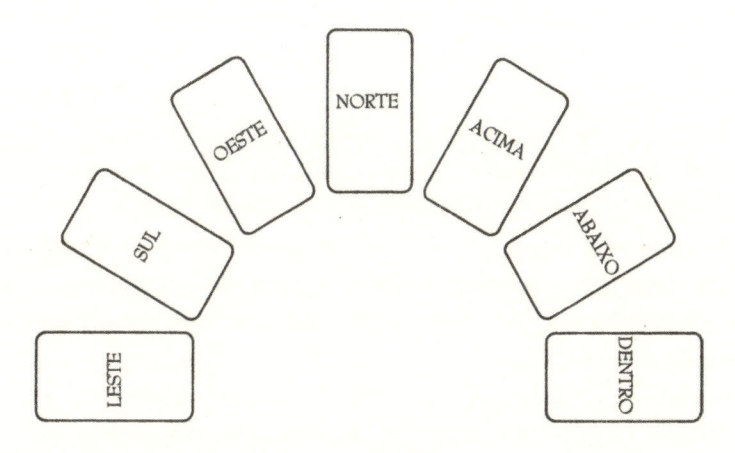

Os outros dois animais que completarão a lista de seus nove animais totêmicos são aqueles que caminham sempre a seu lado e que, provavelmente, costumam aparecer em seus sonhos. Se não apareceram em seus sonhos, eles podem ser os animais pelos quais você se sente naturalmente atraído, mas que não estão incluídos entre os sete que você selecionou para as diferentes direções. Pode ser também que estes dois últimos animais venham a aparecer no futuro para você. Ou então, pode ocorrer que no momento em que você estiver lendo as qualidades de cada animal neste livro, você tenha um *estalo,* sinta uma conexão imediata com os dois que andam sempre a seu lado sem que você perceba sua presença. Pode ser também que estes animais não estejam presentes nas páginas deste livro, pois podem ser animais diferentes dos citados aqui. Podem ser, por exemplo, uma Girafa, um

Coala, uma Pantera ou um Guaxinirn. Para compreender melhor os poderes mágicos de seus animais totêmicos, consulte livros de zoologia sobre seus hábitos específicos e tente descobrir de que maneira suas características e estilos de vida podem ser aplicados à humanidade em geral e à sua própria vida em particular.

Ao escolher estas cartas, é importante que você procure manter a mente aberta e serena, para não deixar que suas opiniões pessoais possam interferir na escolha das cartas, falseando o processo de escolha, que deve ser totalmente intuitivo. Assim procedendo, você permitirá que os animais venham naturalmente até você, para lhe ensinar valiosas lições a respeito de sua própria natureza íntima.

SIGNIFICADO DOS NOVE ANIMAIS TOTÊMICOS

Leste: o animal do Leste conduz você em direção aos grandes desafios espirituais e protege seu caminho na busca da iluminação.

Sul: o animal do Sul protege a criança que existe dentro de você e o alerta para o momento em que deve ser submisso e confiar, a fim de que o seu lado inocente e infantil permaneça em equilíbrio com a sua personalidade.

Oeste:e: o animal do Oeste conduz você em direção à sua verdade interior e às respostas contidas em seu próprio ser. Ele também indica os caminhos que conduzem aos seus objetivos.

Norte: o animal da Norte dá bons conselhos e orienta-o para saber quando você deve falar e quando deve saber escutar. Ele também o alerta para a necessidade de ser grato a todas as bênçãos que você recebe todos os dias.

Acima: o animal Acima ensina-o a honrar a Grande Nação das Estrelas, lembrando-o de que você veio das estrelas e para elas retornará um dia. Este também é o guardião da Dimensão dos Sonhos, o facilitador de seu acesso às outras dimensões.

Abaixo: o animal Abaixo dá-lhe lições acerca da Terra Interior e ajuda-o a manter os pés no chão e a perseverar sempre no Caminho.

Dentro: o animal de Dentro ajuda-o a manter o coração alegre e a permanecer fiel às suas verdades pessoais. Ele também é o protetor de seu espaço sagrado, aquele espaço que deve pertencer apenas a você e não deve ser invadido por ninguém, a não ser que você convide a compartilhá-lo.

Lado Direito: o animal da Lado Direito protege sua parte masculina e lhe ensina que, aconteça o que acontecer, ele será o seu Pai-Protetor. Este animal também zela por sua coragem e por seu espírito guerreiro.

Lado Esquerdo: o animal do Lado Esquerdo protege sua parte feminina, ensinando-o a aceitar a abundância e a saber sustentar e alimentar a si mesmo e aos outros. A este animal também cabe dar-lhe lições acerca dos instintos maternais e dos relacionamentos com os demais seres humanos.

A Roda de Cura

Todo lugar é um lugar sagrado. Cada centímetro da Mãe Terra possui uma energia especial que está em conexão com algum ser vivo e merece, portanto, ser honrada. A Roda de Cura é uma expressão física do conhecimento desta verdade e pode ser usada para estabelecer um espaço sagrado ritualístico. É constituída pelo posicionamento, em círculo, de doze grandes pedras, a intervalos regulares, como os números indicadores das horas no mostrador de um relógio. Primeiro, quatro pedras maiores do que as outras devem ser posicionadas nos quatro pontos cardeais, começando-se pela pedra do Sul, o lugar da criança, pois é ali que a vida começa. Coloque então a pedra do Oeste, em seguida a do Norte e finalmente a do Leste. A pedra do Leste deve ser posicionada por último porque o espaço interior do círculo está repleto da energia espiritual que penetra pela porta oriental. O Portal Dourado para a iluminação é, justamente, esta porta do Leste. Assim, quando estiver pronto para fechá-la, é preciso pedir ao Espírito Superior que preencha o espaço de modo a permitir que o amor e o respeito mútuos permaneçam ali. Esta é uma das maneiras tradicionais de se construir uma Roda de Cura.

A Roda de Cura é empregada para manter unidas as energias de todos os animais e de todos os demais seres vivos, o Povo de Pedra, a Mãe Terra, o Pai Céu, o Avô Sol, a Avó Lua, a Grande Nação das Estrelas, os Subterrâneos, o Povo-em-Pé (as árvores), os Duas-Pernas (os humanos), os Irmãos e Irmãs do Céu e os Seres-Trovão. São estes que nós consideramos como *todos os nossos parentes,* de acordo com os ensinamentos dos índios norte-americanos.

Uma cerimônia é uma forma de reconhecer, admitir e louvar as conexões existentes entre todas as formas de vida, expressando nossa gratidão por meio de cantos, danças e rituais diversos. A cerimônia é sempre realizada sob a orientação e a proteção do Grande Espírito e do Grande Mistério.

A Roda de Cura é um símbolo da Roda da Vida, em perene movimento, trazendo-nos sempre novas lições e novas verdades à medida que avançamos no Caminho. A caminhada na Terra é baseada na compreensão de que cada um de nós estará em cada um dos raios da grande Roda da Vida em diversas ocasiões, de maneira que cada opção, cada destino deve ser reverenciado. A verdade é que só seremos capazes de penetrar realmente nos corações alheios quando tivermos percorrido os mesmos raios da roda que eles percorreram e tivermos vivido as mesmas experiências que eles viveram.

A Roda de Cura nos ensina que todas as lições de vida são igualmente válidas, assim como o são válidos todos os dons e talentos que nos foram concedidos pelo Grande Mistério. Cada ser vivo viverá as experiências correspondentes a cada um dos raios da vida e aprenderá todas as suas verdades. A Roda de Cura é um caminho para a verdade, a paz e a harmonia. A roda nunca para de rodar; a vida não tem fim...

Vivenciando as experiências da Boa Estrada Vermelha, aprendemos as lições desta vida, aprendemos o que significa, realmente, ser humano. Esta estrada corta a Roda de Cura, vinda do sul em direção ao norte. Depois de passar pelo portal da morte, ingressamos na Estrada Azul – ou Negra –, o mundo dos avôs e das avós. Todos continuamos a aprender na esfera espiritual, por meio dos conselhos concedidos àqueles que permanecem na Boa Estrada Vermelha. A Estrada Azul corta a Roda de Cura no sentido leste-oeste.

A Roda de Cura representa a vida, a vida após a vida, o renascimento e um louvor a cada uma das etapas do Caminho.

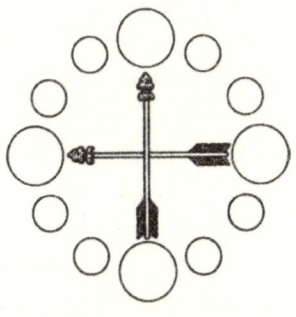

Roda de Cura

O Escudo de Cura

Um Escudo de Cura pode nos revelar um novo nível de crescimento pessoal. assim como nos mostrar a próxima montanha que desejamos escalar.

Tradicionalmente, o escudo que o guerreiro usa demonstra os poderes interiores que ele deseja utilizar para auxiliar os demais integrantes de sua tribo. O escudo de uma mulher indígena revela seus poderes criadores e seus dons no campo da visão profética, da cura, da magia, da dança, da música, da tecelagem, da ornamentação etc. Em suma, o escudo indica a posição de seu portador dentro da sua família tribal e demonstra os totens que ele carrega consigo.

Ao invocar o reconhecimento dos dons e talentos alheios, o Escudo de Cura torna-se um meio de implantação da harmonia no seio da família, da tribo e da nação na qual ela se insere. Os escudas manifestavam tanto as verdades íntimas quanto a personalidade aparente daqueles que os confeccionaram. Cada mulher confeccionava o seu próprio escudo. Cada homem devia escolher um irmão que soubesse honrar os seus próprios dons de cura, para fazer seu escudo. Assim se impedia que o ego masculino obscurecesse o caminho da verdade durante os trabalhos de preparação do escudo. As mulheres não têm este problema, pois já são naturalmente ligadas ao lado instintivo de seus seres, sendo, portanto, mais capazes de escutar e entender o que suas *vozes* interiores têm a dizer acerca de seus talentos pessoais. As mulheres também compreendiam a necessidade da fraternidade e deixavam o papel protetor para os homens, enquanto elas próprias desempenhavam o papel de Mães da Força Criadora. É por esta razão que as mulheres sabiam confeccionar seus escudos com humildade e criatividade.

Mentir a respeito dos próprios dons era considerado uma grande desgraça. Mentir acerca de qualquer coisa relacionada com este assunto podia, inclusive, fazer com que a pessoa fosse expulsa da tribo. Nos velhos tempos, aqueles que mentiram a este respeito e foram expulsos de suas tribos acabaram servindo ao homem branco, obtendo trabalho como guias ou funcionando como tradutores tendenciosos e maldosos para a cavalaria do Exército norte-americano. Escudos mentirosos eram queimados numa cerimônia constrangedora e triste. Depois disto, os seus criadores tornavam-se invisíveis para os outros membros de sua tribo e da nação à qual haviam pertencido.

Muitas vezes um escudo era concebido para abençoar o início de um determinado projeto, contendo em seus desenhos e símbolos a expressão do bom resultado almejado. Escudos também podiam ser feitos para relatar os episódios de uma batalha ou de uma caçada, bem como para sintetizar visões proféticas. Quando uma cerimônia especial devia ser realizada, era confeccionado um escudo para demonstrar a alegria da tribo e os espíritos que iriam interagir com os participantes do ritual. Escudos também eram feitos para servir de amuleto, para proporcionar nascimentos felizes, colheitas abundantes, ou como sinal de rito de passagem para a idade adulta dos jovens indígenas.

Quando ocorria um casamento, os escudas dos noivos eram colocados diante deles, sendo o escudo da noiva posicionado em frente do do noivo e o escudo do noivo diante da noiva. Tal disposição invertida dos escudos visava a revelar para cada um dos noivos as qualidades interiores da alma de seu pretendente. Depois que ambos os noivos saltavam sobre a fogueira ritual, seus escudos eram fixados na ponta de duas lanças que eram então cruzadas como se fossem uma só e posicionadas diante da tenda na qual seria realizada a cerimônia de casamento.

Escudos também eram fixados em mastros diante das tendas daqueles que efetuavam a travessia final para o mundo dos espíritos, como um sinal de que aquela determinada pessoa havia completado com sucesso sua jornada na Terra. Estes escudos assinalavam as qualidades específicas e os talentos da pessoa que efetuava a travessia para encontrar seus avôs e suas avós no mundo dos espíritos.

Um escudo era especialmente produzido para a Dança do Sol, para simbolizar o desejo do guerreiro-dançarino de sacrificar sua carne e seu sangue em prol da paz em nosso mundo. Este escudo expressava o modo de vida ao qual o guerreiro tinha de renunciar para ser capaz de promover tanto a paz no mundo exterior quanto o próprio equilíbrio interior. O Escudo da Dança do Sol expressava igualmente seu desejo de servir com bravura e humildade e de honrar o Sol com a sua dança de luz. O escudo simbolizava também o desejo do guerreiro de trazer paz à Terra, eliminar o sofrimento nas relações humanas e fomentar o bem-estar geral da humanidade.

Os escudos secretos das mulheres da Tenda da Lua demonstravam os poderes e a força destas mulheres ao auxiliarem as suas irmãs. Tais escudos nunca deixavam a Tenda da Lua e nunca eram exibidos no mundo exterior, pois cada um deles representava o espaço interior da mulher que o havia confeccionado. Cada mulher revelava, assim, seu eu secreto para suas irmãs na mais completa confiança, mas nunca desvelava inteiramente sua face para o mundo exterior, de modo a garantir que os seus poderes e a força criadora e mágica que ela carregava nas próprias entranhas estivessem em completa sintonia com os ritmos da Terra e da Lua.

Cada escudo possui poderes ocultos e sintetiza, em sua forma e em seus adornos, a essência do conhecimento acumulada num local específico e numa época determinada. Todas as pessoas portavam escudos que expressavam as lições aprendidas nas Quatro Direções principais da Roda de Cura (correspondentes aos quatro pontos cardeais), lições de força ou de fraqueza, de dons e talentos, de suas visões proféticas, de seus anseios e aspirações e do papel que efetivamente desempenham na vida. Cada uma das direções totêmicas podia ser expressa por uma pena de ave, a impressão da palma da mão do proprietário do escudo ou da pata de seu animal protetor, por símbolos diversos ou por um elemento qualquer de seu animal totêmico: um chifre, uma presa, uma garra, um pedaço de osso, de couro, de pele, ou mesmo uma nadadeira.

Cada escudo é, para aquele que o confecciona, um lembrete de sua conexão com a vida. Assim, em tempos de privações e incertezas, o Escudo de Cura funciona como uma fonte de proteção contra o medo e a desesperança, como um lembrete da necessidade de manter a serenidade, a sabedoria e o equilíbrio, fatores capazes de manterem vivas e sempre renovadas as conexões com as forças superiores. O escudo é feito de maneira a contrabalançar as energias da incerteza e das inquietações, conduzindo seu portador ao silêncio sagrado no qual ele poderá desvendar o mistério da própria existência.

Os Escudos de Cura são marcos na estrada que conduz cada um de nós em direção à sabedoria e, finalmente, à perfeição. Ao lutarmos pela integridade do Ser, refletimos tanto a discórdia quanto a harmonia dos diversos fragmentos de que é composta nossa personalidade, porque nossa missão nesta jornada pela Terra é, justamente, a de equilibrar os escudos do nosso Ser.

Os Escudos de Cura nos lembram que cada coisa possui seu lugar e seu tempo certo na vida. A alegria é contrabalançada pelo sofrimento; o silêncio sagrado pelos gracejos irreverentes; a autoestima pela humildade; o dar pelo receber; o dia pela noite; a luz pelas sombras; a sabedoria pela ingenuidade... Caminhar com equilíbrio pela vida significa reconhecer a essência de cada um dos diferentes atos humanos, dentro do contexto em que eles ocorrem, e saber honrar o aspecto sagrado de cada um destes atos.

Os Escudos de Cura são ferramentas que nós mesmos forjamos para fortalecer o nosso espírito e reforçar a nossa força de vontade. A verdade não necessita de reflexão nem de justificativas e, se permitirmos que a intuição guie os nossos corações, a humanidade poderá finalmente deixar de se lamuriar para passar a celebrar a Alegria, verdadeira essência e propósito da vida na Terra.

Como consultar as Cartas Xamânicas

As cartas que acompanham este livro são numeradas e cada uma delas apresenta um animal dentro de um Escudo de Cura. Caso a carta apareça invertida, tanto o número quanto o animal nela representados aparecerão de cabeça para baixo. Isto porque cada carta pode nos ensinar duas lições: uma em sua posição normal e outra quando estiver invertida, na posição contrária.

Antes de consultar as cartas, o ideal é verificar que todas estejam corretamente de pé. Em seguida, você poderá misturá-las ou embaralhá-las como bem lhe aprouver. Depois, você deve colocá-las com a face para baixo, de maneira a ocultar as ilustrações. Espalhe então as cartas sobre a mesa e escolha uma delas ao acaso, para poder efetuar sua meditação diária. Leia então atentamente a explicação deste livro correspondente ao animal da carta escolhida. Em seguida, sente-se em silêncio num local tranquilo, mantendo a mente aberta e desperta, e deixe que o animal em questão lhe ensine tudo aquilo que ele tiver para lhe ensinar, tanto sobre a vida de modo geral, quanto a respeito de um desafio ou de um problema em particular com o qual você esteja se defrontando no momento.

A SEQUÊNCIA DRUÍDICA
Você também pode consultar as cartas de outra forma, para obter informações genéricas sobre seu destino nesta vida, empregando um antigo sistema divinatório desenvolvido pelos druidas em tempos remotos.

Disponha as cartas conforme indicada no diagrama aqui reproduzido e interprete o significado de cada carta de acordo com a posição que esta ocupar no jogo, a partir das seguintes indicações:

1. Seu passado;
2. Seu presente;

3. Seu futuro;
4. Os desafios ou as lições de vida que estão se apresentando para você nesta fase de sua existência;
5. O desafio que você acabou de superar ou a lição que aprendeu recentemente;
6. Aquilo que está a seu favor neste momento;
7. Aquilo que está contra você neste momento.

Empregando este antigo sistema druídico de jogo, você será capaz de vislumbrar o caminho que já trilhou, aquele que está trilhando no momento presente, e o que percorrerá no futuro. Além disso, lhe será possível entrever os desafios que deverá enfrentar no futuro, bem como aqueles já superadas e os que ainda deverá enfrentar daqui para a frente em sua vida.

```
        ┌───┐ ┌───┐
        │ 6 │ │ 4 │
        └───┘ └───┘   Sequência Druídica
   ┌───┐ ┌───┐ ┌───┐
   │ 3 │ │ 2 │ │ 1 │
   └───┘ └───┘ └───┘
        ┌───┐ ┌───┐
        │ 5 │ │ 7 │
        └───┘ └───┘
```

A SEQUÊNCIA DA RODA DE CURA

No sistema de jogo da Roda de Cura, cada uma das Quatro Direções – correspondentes aos pontos cardeais – revela um aspecto de sua personalidade sobre o qual você necessita refletir mais profundamente. Este jogo também revela de que forma você está aprendendo as lições dadas por outras pessoas, pelos animais e por si mesmo. A carta do meio simboliza a Montanha Sagrada ou a Árvore Sagrada, que fica no centro da roda.

1. **Carta do Leste:** a carta nesta posição revela a fonte de suas energias espirituais, indicando também a direção que o seu caminho espiritual está tomando. Esta carta também pode indicar com mais clareza o principal desafio com o qual você terá que se defrontar no momento presente, e quais os pontos de sua vida que ainda necessitam ser esclarecidos.

2. **Carta do Sul:** a carta nesta posição descreve de que forma os poderes de cura dos animais estão ensinando a criança que reside em seu íntimo a assimilar as experiências da vida adulta. Esta carta expressa, portanto, o que você necessita fazer para acreditar mais em si mesmo e alimentar e fortalecer o seu processo de crescimento, à medida que o seu Ser-Adulto vai caminhando pela vida afora.

3. **Carta do Oeste:** a carta nesta posição fornece a solução para os desafios que você deverá enfrentar no presente momento. Ela indica quais são as metas que necessitam ser reavaliadas e como alcançar o objetivo desejado.

4. **Carta do Norte:** a carta nesta posição lhe ensina como aplicar espiritualmente as lições das outras direções. A Magia Animal da carta que aparece ao Norte lhe fornece a chave para que você trilhe sempre o caminho da sabedoria, ciente do mestre que existe dentro de você. Ela lhe propõe que siga ligado aos seus mais altos objetivos e às suas mais puras intenções.

5. **Carta da Montanha Sagrada:** a carta na posição da Montanha Sagrada sugere que você se detenha para examinar o seu momento presente. Ela indica a conciliação entre seus objetivos espirituais e suas necessidades materiais neste momento específico de sua vida. A carta nesta posição demonstra de que forma a dimensão espiritual foi combinada com as exigências do mundo material para produzir aquilo que você é hoje. Como todas as coisas estão em constante evolução, amanhã você terá crescido em sabedoria, de modo que outra carta poderá aparecer nesta posição na próxima vez em que fizer este jogo.

Ao analisar profundamente a sua vida no momento presente – quer você esteja equilibrado ou desestabilizado –, perceberá o que precisa ser modificado para que você possa atingir o ponto ideal de equilíbrio. Perceberá também se há necessidade de entrar no Silêncio do Grande Espírito, em busca das respostas certas para os seus questionamentos atuais e para os problemas que o afligem.

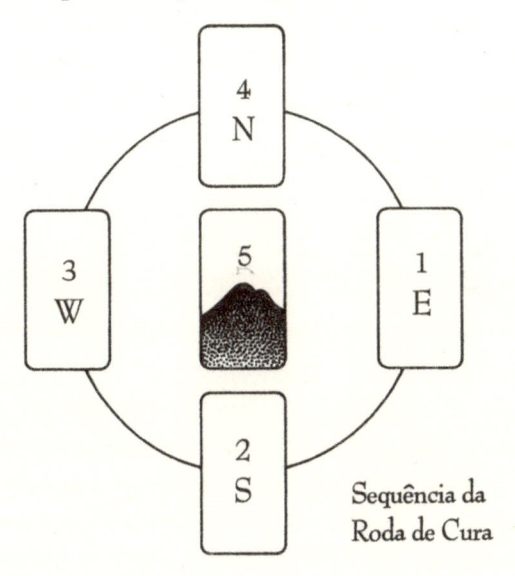

Sequência da Roda de Cura

A SEQUÊNCIA DA TENDA DO SOL

Esta é outra forma de efetuar o jogo da Roda de Cura, destinada a indicar de que forma os outros o veem. É o jogo dos relacionamentos no mundo exterior e deve ser consultado quando você desejar que os animais totêmicos lhe digam de que maneira uma determinada pessoa o vê e o que sente por você.

Esta variante deve ser realizada basicamente da mesma forma que o jogo anterior, com apenas uma diferença: enquanto você estiver colocando as cartas, deve manter em sua mente a imagem daquela pessoa a respeito da qual você está efetuando a consulta.

1. **Carta do Leste:** esta carta indica de que forma a pessoa em questão se relaciona espiritualmente com você.

2. **Carta do Sul:** esta carta indica de que forma esta pessoa enxerga você no plano material.

3. **Carta do Oeste:** esta carta indica o modo pelo qual essa pessoa irá provavelmente interagir com você, atendendo aos seus anseios mais profundos.

4. **Carta do Norte:** esta carta indica de que modo essa pessoa o avalia sob o ponto de vista intelectual.

5. **Carta Central:** esta carta indica a visão geral que esta pessoa tem a seu respeito, demonstrando como provavelmente ela reagirá quando vocês se encontrarem.

A SEQUÊNCIA DA TENDA DA LUA
(A árvore interior do equilíbrio)

Os antigos sábios costumavam dizer: *Existem mais raízes do que galhos*.

Este ditada comprova a importância de se conhecer o que é oculto, tudo aquilo que existe sob a superfície aparente das coisas. O jogo da Tenda da Lua é um espelho no qual você poderá enxergar o seu próprio inconsciente. O mundo percebe apenas sua aparência externa e somente você pode ter acesso às forças inconscientes que se movem em seu interior. O jogo da Tenda da Lua é uma ferramenta que permitirá a você rasgar o véu da autoilusão, desvelando o que esta encoberto, deixando que você perceba os engodos que estão impedindo o seu crescimento.

O jogo da Tenda da Lua é feito exatamente pelo mesmo método da sequência da Roda de Cura e da Tenda do Sol.

1. **Carta do Leste:** no jogo da Tenda da Lua, esta carta é conhecida como a Carta do Espírito Rodopiante, capaz de libertar o lado espiritual de sua personalidade, permitindo que você perceba com clareza quais são seus talentos e sua capacidade no campo da espiritualidade.

2. **Carta do Sul:** esta é uma carta-semente, uma carta de renascimento e de renovação. Esta carta fornece pistas sobre as possibilidades de recomeço ou de reatamento, tanto no que se refere ao relacionamento com outros seres humanos, quanto ao que se refere ao seu relacionamento com o mundo exterior em geral. Na sequência da Tenda da Lua, esta carta revela seus sentimentos com relação a algo ou alguém

(dependendo do objeto da consulta), demonstrando suas emoções secretas referentes à pessoa ou ao assunto que você tem em mente.

3. **Carta do Oeste**: esta é a Carta do Sonho Dentro do Sonho. Ela pode indicar o verdadeiro propósito de sua vida, devendo, portanto, ser avaliada com muita cautela. Se você ainda tem dúvidas sobre a missão de sua vida, é aqui no Oeste que encontrará a resposta para os seus questionamentos. Esta carta permitirá que você perceba se seu sonho é apenas fruto do ego superficial ou se, ao contrário, reflete os verdadeiros desígnios de seu Eu superior. É aqui, no Oeste, que você descobre a sua verdadeira missão de Vida e pode passar a segui-la.

4. **Carta do Norte**: esta carta demonstrará a sabedoria interior que você pode ainda não ter percebido dentro de si mesmo. O Norte representa o lugar da Sabedoria e do Conhecimento. Caso você ainda esteja procurando respostas no mundo exterior, esta carta irá sugerir sutilmente que você siga as indicações do animal nela contido para que possa encontrar estas respostas não no mundo exterior, mas dentro de si mesmo. A análise cuidadosa desta carta, com o intuito do autoconhecimento, destruirá qualquer ideia ilusória que você tenha a respeito de si mesmo e lhe possibilitará, enfim, entrever seu Eu Verdadeiro.

5. **Carta Central**: esta carta indica o ponto de integração de todos os poderes ocultos que residem em seu inconsciente, pois representa o escudo que protege o seu Eu Verdadeiro, seu Eu superior. É a carta que permitirá o acesso ao seu Círculo Interior, desviando-o de todas as armadilhas preparadas por seu consciente, pela sua personalidade externa. Quando conhecer de fato seu Eu Verdadeiro, quando você penetrar em seu equilíbrio real, nada do que estiver fora deste ponto central será capaz de iludi-lo novamente. Você terá encontrado o seu próprio centro.

A SEQUÊNCIA DA BORBOLETA

Esta sequência é utilizada para prever o resultado de projetos ou empreendimentos coletivos. Nela, as cartas devem ser colocadas apenas nos quatro pontos clássicos da Roda de Cura, seguindo a ordem costumeira: Leste, Sul, Oeste e Norte. As cartas que aparecem neste jogo mostrarão as diferentes fases pelas quais o projeto ou o empreendimento em questão deverá passar antes de ser concluído.

1. **Carta do Leste**: esta carta é conhecida como a Carta do Ovo ou a Posição do Ovo. Ela deve ser encarada como o núcleo inicial, a semente de seu projeto ou de seu empreendimento. Permita que a mensagem da carta o oriente, pois ela revelará o valor real que existe no cerne do seu empreendimento. Ela sugere a atitude necessária para a obtenção do sucesso neste tempo presente e neste local específico do Planeta.

2. **Carta do Sul**: esta é a carta conhecida como a Carta da Larva ou a Posição da Larva. Ela aponta os estágios iniciais do empreendimento: o que é necessário fazer para que o projeto se concretize no mundo exterior e quem deverá assumir as responsabilidades por este trabalho. A Carta da Larva nos adverte que, primeiramente, o ovo da borboleta transforma-se numa Lagarta, ansiando por seu pleno desenvolvimento. Ela troca de pele diversas vezes antes de atingir a maturidade. Esta carta revela se as energias mobilizadas por este projeto serão suficientes para assegurar o bom desdobramento da empreitada. Ela indica se os egos das diversas pessoas envolvidas neste projeto terão flexibilidade, se irão transigir (trocar de pele) de maneira a possibilitar a efetiva conclusão da tarefa.

3. **Carta do Oeste**: esta carta é conhecida como a Carta do Casulo ou a Posição da Casulo. Está relacionada com os altos propósitos, com as mais nobres aspirações. Ela aponta o momento no qual ocorrem as transformações mais transcendentais, similares àquelas sofridas pela Lagarta dentro do casulo, do qual sairá transmutada numa bela Borboleta. Quando analisar esta carta, você deve se perguntar se você se engajou neste projeto para servir ao Grande Espírito e à sua tribo, ou simplesmente para atender aos seus anseios pessoais. Caso seu projeto vise apenas a seus interesses pessoais, é bem provável que ele termine por se voltar contra você, pois não devemos visar unicamente à satisfação de nossos desejos, e sim procurar servir à nossa família, à nossa tribo e ao Grande Espírito, que tudo permeia e está presente em tudo.

4. **Carta do Norte**: esta carta é conhecida como a Carta da Borboleta ou a Posição da Borboleta. Ela lhe dirá se o Grande Espírito irá protegê-lo, se irá proteger o seu grupo ou, ainda, o seu projeto. Ela

```
         ┌─────┐
         │  4  │
         │  N  │
         └─────┘
┌─────┐                ┌─────┐
│  3  │  Sequência da  │  1  │
│  W  │   Borboleta    │  E  │
└─────┘                └─────┘
         ┌─────┐
         │  2  │
         │  S  │
         └─────┘
```

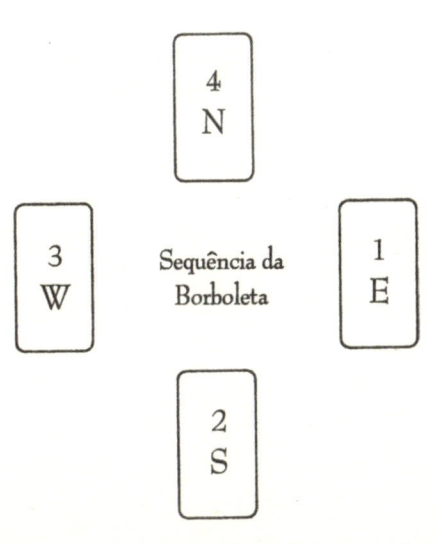

indicará que tipos de recompensas e benefícios – inclusive financeiros – poderão ser obtidos com a concretização deste projeto. Pode parecer estranho buscar no Norte – o Espírito – a resposta certa para os assuntos materiais. Entretanto, é preciso estar sempre consciente daquilo que os xamãs não se cansam de repetir: *o espírito e as visões precedem as manifestações materiais*. Tal é a lei, e é assim que ela se expressa nesta carta. Esta carta representa também o local da manifestação.

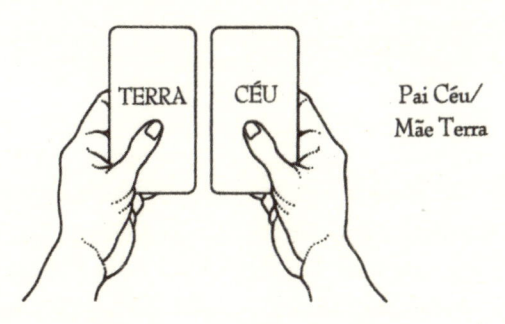

Pai Céu/
Mãe Terra

SEQUÊNCIA DO PAI CÉU E DA MÃE TERRA
Esta sequência é o método ideal para ajudá-lo a recuperar o equilíbrio em tempos confusos e quando você estiver necessitando se libertar de toda essa confusão.

Todo ser humano possui duas facetas em sua personalidade: a masculina e a feminina. Seu lado masculino é cheio de energia combativa — o que não necessariamente significa energia guerreira —, uma energia expansiva. É a parte de sua personalidade que o impele sempre para frente, a parte de seu ser que protege todas as suas criações. Sua percepção masculina o impele a partir em busca de aventura, a colocar suas ideias em prática, a atuar no mundo exterior. Ela pode representar também o Pai que existe em seu interior, sempre disposto a ensinar-lhe novas lições e a consolá-lo nos momentos de aflição. Também pode ser o Xamã que reside em seu íntimo, capaz de curá-lo através de seus profundos conhecimentos ancestrais. A Carta do Pai Céu sintetiza todos estes aspectos de sua personalidade e relaciona-se com o lado direito de seu corpo, aquele regido pelo Pai Céu e controlado pelo lado esquerdo de seu cérebro: a parcela analítica de sua mente.

O lado do corpo regido pela Mãe Terra é o esquerdo, o lado feminino, controlado pelo lado direito do cérebro — a parte intuitiva da mente. A faceta feminina de sua personalidade é receptiva por natureza, permitindo a livre manifestação da vida, e possui a sabedoria necessária para receber todas as dádivas da existência porque tem plena consciência de que cada coisa deve acontecer de forma natural, em seu devido tempo. Esta faceta feminina de sua personalidade congrega a um só tempo a deusa da energia, a Anima Mundi, a mãe interior, a sábia, a feiticeira, a fada e a menina ingênua. A Carta da Mãe Terra representa o lado maternal de sua personalidade, aquele que abriga a força criadora. Todas as coisas residem no interior do Grande Mistério. As ideias que se concretizarão no mundo material preexistem sob a forma de sementes, numa dimensão além do espaço/tempo, no lado intuitivo de sua natureza. A energia feminina pode parecer imatura porque está constantemente gerando novas ideias e novas formas de vida. Por isto as mulheres estão sempre se transformando. Assim, esta carta representa a sua natureza criadora e a sua capacidade de receber de forma contínua as novas ideias do Grande Mistério.

Este sistema de jogo é bastante simples. Para consultá-lo, basta pegar uma carta com a mão direita e uma carta com a mão esquerda.

Em seguida, segure ambas as cartas diante de si e concentre-se no equilíbrio entre seu eu masculino – correspondente à carta da direita – e seu eu feminino – correspondente à carta da esquerda. Ao observar a correspondência, ou a ausência de conexão, entre seu lado masculino e seu lado feminino, você vai perceber os aspectos que necessitam ser corrigidos para que você seja capaz de equilibrar perfeitamente estas duas porções de sua personalidade. Uma forma de acelerar este processo de integração consiste em colocar estas cartas, lado a lado, diante de si, ou até mesmo sobre sua testa, caso você esteja deitado, e concentrar-se para obter o equilíbrio de sua energia corporal. Você também pode evocar os poderes mágicos dos animais representados nas cartas para que eles o ajudem a equilibrar seu lado masculino com seu lado feminino. É preciso apenas ter a precaução de invocar um animal de cada vez, começando por aquele que representa seu lado masculino – a carta da direita. Este processo deve ser executado em total relaxamento, silêncio e concentração, de modo a permitir que os animais se comuniquem diretamente com o seu coração. Talvez você não ouça vozes, mas poderá ver imagens em sua tela mental. Pode ser inclusive que não aconteça nenhuma destas coisas, e você apenas sinta um fluxo benéfico de energia emanado destes animais totêmicos até você, equilibrando suas energias. Pode ser ainda que tenha sensações ou sentimentos inteiramente diversos destes. Todas essas sensações serão corretas e bem-vindas. Tanto faz se você sente um bem-estar profundo, ouve indicações precisas, percebe aromas diferentes daqueles do ambiente no qual você se encontra, ou se tem intuições premonitórias. Muitos são os caminhos do conhecimento e cada caminhante abre sua própria estrada à medida que avança. Ao consultar este jogo, você estará desenvolvendo sua capacidade intuitiva e adquirindo novos poderes, poderes que continuarão sempre a crescer e a se modificar à medida que você aprender a confiar mais em si mesmo, até que passe simplesmente a *saber*.

IMPORTANTE: antes de utilizar este ou qualquer outro sistema de jogo anteriormente descrito, retire do baralho todas as cartas com escudo em branco que você ainda não tiver preenchido.

Cartas contrárias

Se uma carta contrária – de cabeça para baixo – for encontrada em seu jogo, isto significa um desequilíbrio na energia desta carta. É a posição em que a carta se encontra no jogo que poderá lhe fornecer maiores indicações sobre o problema que precisa ser corrigido. Caso você deseje corrigi-lo, mas não consiga intuir de imediato a solução adequada para restaurar o equilíbrio e a harmonia, escolha outra carta ao acaso e a coloque ao lado da carta contrária em sua sequência.

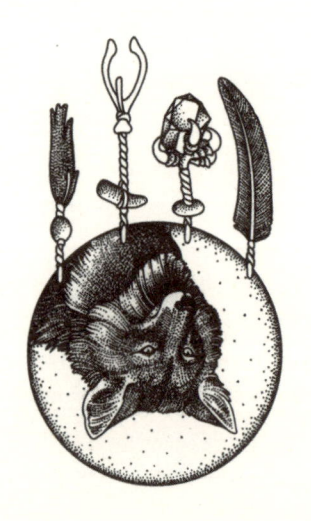

Por exemplo: caso você tire a carta do Coiote ao contrário – aliás, esta é a carta mais contrária de todo o baralho –, e não esteja se sentindo capaz de entender o que esta carta está tentando lhe ensinar, peça às cartas que o orientem melhor, e depois selecione outra carta e coloque-a ao lado da carta contrária. Caso você tire o Antílope invertido, isto significa que a solução implica a realização de um ato impróprio, imoral ou ilegal. Caso você tire o Gambá Americano, você está interpretando mal os conselhos sobre sua maneira de proceder e de se comportar, ou simplesmente está chegando a uma conclusão equivocada sobre o que os outros estão pensando a seu respeito.

Depois que você houver praticado esta leitura complementar com cada uma das cartas contrárias, será capaz de descobrir sem margem de erro qual será a energia adequada para restaurar o equilíbrio no caso específico de desequilíbrio que o seu jogo estiver indicando.

Cartas com escudo em branco

Em seu trabalho de Cartas de Cura existem nove cartas com escudo em branco. Caso sinta uma afinidade especial com qualquer animal que não esteja incluído no baralho, como o Jacaré, o Flamingo, o Guaxinim ou a Onça, você deve escrever o nome dos animais de sua predileção, em separado, em cada um dos nove escudos em branco. O nome ali grafado ligará a carta ao animal correspondente pelo princípio da radiação das vibrações espirituais. Caso seja possível, cole uma fotografia ou um desenho do seu animal predileto no centro do escudo em branco. Depois, você tanto pode recolocar a carta, ou as cartas assim produzidas no baralho para possibilitar consultas futuras, ou carregá-las sempre consigo, como um talismã.

    Este mesmo método pode ser empregado para criar um Escudo Pessoal, que também pode ser adicionado ao baralho ou pode ser conservado em separado para ser utilizado como carta da Montanha Sagrada ou carta central em seu jogo, de modo a designar sua energia pessoal. Para criar esta carta, empregue seus talentos artísticos, criando colagens com fotografias das coisas que você deseja na vida. Carregue esta carta sempre consigo, de preferência junto ao seu coração, e trabalhe com esta carta do Escudo Pessoal em seu altar particular.

    Use as nove cartas com escudo em branco para seus nove animais totêmicos pessoais. Coloque-os em seguida nas nove direções ou então utilize-as para construir um totem. Você também pode criar escudos para todos os membros de sua família, para os lugares importantes de sua vida ou para seus pontos de poder. Suponhamos que você deseje passar suas férias em Paris. Coloque então uma foto da Torre Eiffel no centro de uma carta com escudo em branco e invoque a energia dos animais das Quatro Direções para que eles o auxiliem a concretizar seu desejo. Você pode empregar esta técnica para obter tudo de que necessite, quer seja um carro ou até mesmo uma casa. Se você está tentando manifestar um desejo do seu coração, lembre-se, porém, de que as Cartas de Cura não podem ser utilizadas para satisfazer desejos legítimos, como obter algo que pertença a outrem ou conquistar o cônjuge de alguém. Se você admira o marido ou a esposa de alguém, sua casa ou seu carro, pode usar as cartas para obter algo similar, nunca o que já pertence a outrem. Se você o fizer, estará sujeito às implacáveis leis de causa e efeito que regem nossas vidas – quer acreditemos nelas ou não –, devendo, portanto, arcar com as consequências de seus atos. Assim, em nenhuma hipótese essas Cartas Xamânicas podem ser usadas para destruir ou roubar o que pertence a qualquer outra pessoa.

Caso se dedique a trabalhos de xamanismo e tenha encontrado seu Aliado em outros níveis de consciência, você pode empregar uma carta com escudo em branco para criar uma Carta do Aliado. Um Aliado é um amigo que pode ser encontrado entre os Seres Vivos, como entre o Povo de Pedra, a Grande Nação das Estrelas, as Criaturas da Água, Aqueles que Rastejam, o Povo-em-Pé (as árvores) ou qualquer outra forma de vida encontrada na natureza. O Aliado é seu guardião e seu instrutor, um ser que lhe ensina lições tanto do mundo visível quanto do invisível, sendo que uma pessoa pode ter diferentes Aliados sucessivos em épocas distintas de sua vida.

Conforme você já percebeu, uma carta com escudo em branco pode ser usada de diversas maneiras diferentes. Por exemplo: se você trabalha com um deus ou uma deusa de energia, pode criar uma carta para essa divindade e usá-la tanto no baralho quanto como um talismã pessoal. Use sua criatividade, seus talentos e sua intuição. Medite focalizando sua atenção sobre uma carta com escudo em branco e veja o que surge em seu interior. Você certamente ficará surpreso, pois o escudo em branco pode funcionar como o Grande Espelho de Fumaça, refletindo seus desejos secretos, seus sonhos, seus objetivos, seus poderes ou sua personalidade. Em alguns casos, a área vazia do escudo em branco lhe proporcionará uma visão daquilo que jaz nas profundezas de seu inconsciente. Aproveite o processo de esvaziamento que ocorre então, pois você terá a oportunidade de ser preenchido pela mais pura criatividade.

AS CARTAS XAMÂNICAS

Águia...
>   Voe alto,
>> e toque o Grande Espírito.

Partilhe comigo sua energia,
>   Toque-me, honre-me,
>> para que eu possa
>>> conhecer-te também.

I
Águia

──────── ESPÍRITO ────────

A energia da Águia representa a força do Grande Espírito, a conexão direta com o Divino. É a capacidade de viver na esfera espiritual e, ainda assim, ter os pés no chão, continuar ligado, equilibradamente, à vida nesta Terra. Pairando nas alturas, em meio às nuvens, a Águia está perto do firmamento, onde reside o Grande Espírito. Voando sempre nas alturas, a Águia percebe rapidamente todo e qualquer movimento de evolução na trajetória geral da vida.

As penas de Águia são consideradas os mais sagrados instrumentos de cura, tendo sido empregadas há séculos pelos xamãs para limpar a aura dos pacientes que os procuram em busca de remédios para seus males. Dentro do sistema de crenças das tribos indígenas norte-americanas, a Águia simboliza o estado de graça obtido por intermédio do trabalho árduo, a compreensão da mecânica da existência e a coroação dos testes iniciáticos destinados a liberar os poderes individuais latentes no âmago de cada ser. Somente depois de ter experimentado os altos e baixos da existência, sem esmorecer na fé de sua conexão pessoal com o Grande Espírito, é que o indivíduo pode obter o *direito* de aprender e utilizar a magia de cura da Águia.

Se você tirou a carta da Águia, isto significa que você deve acreditar mais em seu coração e reunir todas as suas forças, porque o universo está lhe concedendo uma oportunidade de voar muito acima da dimensão mundana de sua consciência. A capacidade de reconhecer tal oportunidade pode apresentar-se sob a forma de um teste espiritual. Valendo-se de sua intuição, você poderá perceber que aspectos de sua alma, de sua personalidade, de seu nível emocional ou psicológico necessitam ser reforçados, aperfeiçoados ou corrigidos. Com sua visão global, a Águia ensina que é preciso expandir sua personalidade para ser capaz de abarcar aquilo que se encontra além do nível que você consegue perceber atualmente.

Aprendendo a atacar valentemente seu medo do desconhecido, você ascenderá a uma região na qual as asas de sua alma serão sustentadas pela suave brisa eterna, que nada mais é do que a respiração do Grande Espírito.

Alimente o seu corpo, mas alimente ainda mais a sua alma. No reino da Mãe Terra e do Pai Céu a dança que nos leva a voar tem como pré-requisito a superação do medo e a disposição para embarcar na aventura que você está criando, neste momento, em sociedade com o Divino Parceiro.

Se a Águia voou majestosamente para o meio de suas cartas, foi para adverti-lo de que precisa restabelecer suas ligações com o elemento Ar. O Ar simboliza o plano mental e, neste caso específico, sua mente superior. É preciso lembrar que a sabedoria nos chega de forma frequentemente curiosa, mas está sempre relacionada com a força do Grande Espírito.

Se você tem andado nas trevas da ilusão, a Águia pode iluminá-lo, pois ela o ensina a olhar para um plano mais alto, a tocar o Avô Sol com seu coração, e a amar tanto a luz quanto as trevas. Quando for capaz de perceber a beleza e a utilidade tanto da luz quanto das sombras, você será capaz de alçar voo para uma dimensão superior, assim como a Águia.

A magia da Águia é o presente que concedemos a nós mesmos para mantermos sempre em mente a lembrança da liberdade existente no céu. A Águia deseja que você permita a si mesmo gozar a liberdade segundo os desígnios de seu coração, e para encontrar a felicidade que ele ambiciona.

CONTRÁRIA

Se você tirou a carta da Águia na posição contrária, isto significa que você esqueceu seus poderes pessoais e sua conexão com o Grande Espírito. Talvez você não tenha sido capaz de reconhecer a luz que está sempre à disposição daqueles que buscam a iluminação. É hora de você tratar de suas asas quebradas e voltar a voar novamente. A lição oferecida pela carta da Águia na posição contrária é a de que devemos amar a nós mesmos com a mesma intensidade com que somos amados pelo Grande Espírito.

A Águia invertida está tentando adverti-lo da necessidade de construir seu ninho no topo de uma montanha. O ninho é o lar do coração e, portanto, não pode ser construído num pântano. Caso seu ninho esteja num pântano, isto significa que você acha que suas asas estão quebradas ou paralisadas em virtude dos impedimentos inerentes à sua atual condição de vida.

O ninho da Águia é sempre construído no topo das montanhas mais altas, onde o ar é mais limpo e os movimentos são mais livres. Chegou a hora de você buscar uma visão capaz de ligá-lo novamente ao Grande Espírito. O jejum e a prece decerto lhe proporcionarão uma resposta. Não perca de vista os seus mais altos ideais, e a iluminação ocorrerá com toda a certeza!

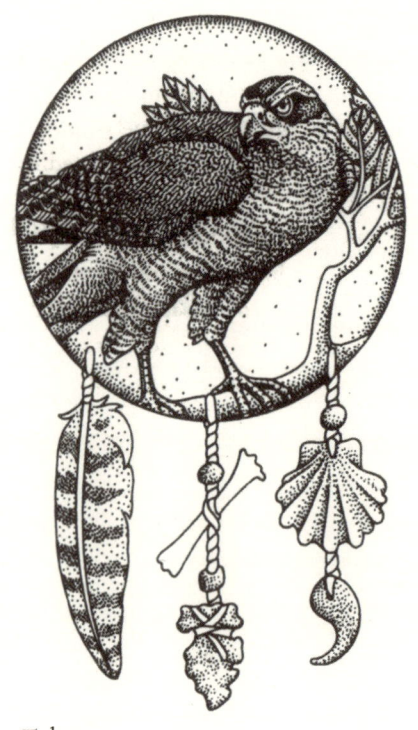

Falcão...
    Mensageiro do céu,

  Coroe meus sonhos,
  Transmita-me
  A sua mensagem
      Enquanto voamos
          juntos.

2
Falcão

———— O MENSAGEIRO ————

O Falcão é aparentado com Mercúrio, o mensageiro dos deuses. A energia do Falcão pode ensinar você a ser mais contemplativo, a observar melhor o mundo que o cerca. Tente observar aquilo que se esconde sob a obviedade das coisas aparentes, pois a vida está lhe enviando sinais constantemente.

A vida é um processo iniciático. Se você tirou a carta do Falcão, uma nova magia de vida lhe está sendo concedida neste momento. Esta magia pode lhe trazer a força necessária para superar uma situação difícil ou angustiante. Você está sendo testado a descobrir as nuanças do poder que estão ocultas ao seu redor. Talvez este poder seja um talento que você possua mas que ainda não está colocando em uso. Talvez você não esteja sendo capaz de enxergar as possíveis soluções porque perdeu a visão abrangente típica do Falcão. Talvez o Grande Espírito esteja lhe oferecendo um presente que você está relutando em aceitar. Ou talvez a tristeza da situação atual tenha deixado você demasiadamente preso à Terra, desalentado e materialista, incapaz de ouvir a voz que sussurra em meio às gotas de chuva que batem em sua janela. Preste atenção! Você só tem poder quando é capaz de receber, detectar e utilizar os dons e talentos que a natureza lhe oferece.

Se você tirou esta carta, está sendo chamado a trabalhar e desenvolver a sua capacidade intuitiva que lhe permitirá descobrir a mensagem oculta no grito do Falcão. A estridência do grito do Falcão conseguirá arrancá-lo de seu torpor, de sua desatenção, impelindo-o a perceber a verdade.

Os Antigos encaravam esta magnífica ave de rapina como um mensageiro que trazia notícias sobre nossa jornada nesta Terra, a caminhada pela Boa Estrada Vermelha, enviadas do mundo de seus avôs e avós que viveram antes de nós. Se alguém invocasse magicamente o grito do Falcão, este tanto poderia ser um sinal de bom ou de mau agouro, de acordo com a natureza da consulta feita. Assim, o grito do Falcão tanto podia anunciar o nascimento de um bebê quanto a aproximação de uma tribo guerreira ou, ainda, a celebração do ritual de Contar os Golpes. O grito do Falcão indica que há necessidade de redobrarmos a atenção e nos abrirmos para receber uma determinada mensagem.

A imagem do Falcão revela um totem repleto de responsabilidade, porque as pessoas do Falcão enxergam mais longe do que as outras. O Falcão não é como o Rato, que enxerga tudo através de uma lente de aumento. As pessoas do totem do Falcão estão sempre alertas para perceber os presságios e as mensagens do mundo espiritual, ao mesmo tempo que são capazes de manter viva na memória a lembrança da cor da Carta Sagrada que receberam três meses atrás. Nada passa desapercebido para eles.

Se o Falcão sobrevoou a sua sequência e pousou em seu jogo, isto significa que você precisa estar atento para perceber e captar os diversos sinais que a vida continuamente lhe envia. Redobre, portanto, a sua atenção. O Falcão tanto pode estar o prevenindo de que precisa agarrar uma oportunidade que está se apresentando para você, quanto o indicar que você precisa alçar voo e examinar sua vida com mais distanciamento para percebê-la sob a perspectiva correta. A partir deste ponto de vista privilegiado você poderá então discernir os obstáculos que o impedem de alçar voo. Lembre-se de que o Falcão possui o olhar aguçado e o coração destemido porque ele voa muito alto e chega perto da luz do Avô Sol.

CONTRÁRIA

Se você tirou o Falcão invertido, isto significa que você bloqueou seus poderes de observação por alguma razão qualquer. Caso algo em sua vida tenha se tornado doloroso demais para sentir, inacreditável demais para ouvir, ou obscuro demais para ser enxergado, chegou a hora de deixar de ser apenas o observador e examinar as razões que o levaram a deixar as coisas chegarem a esse ponto. Sempre que você deixa suas emoções bloquearem a sua capacidade de observação, a mensagem do Falcão não consegue ultrapassar a barreira do caos e da confusão. É preciso que você adote agora a posição neutra do observador objetivo, para permitir que a mensagem do Falcão seja claramente compreendida, por meio de seu nível mais intuitivo. Não permita que as emoções obscureçam o verdadeiro significado da questão que está sendo examinada.

As pessoas do totem do Falcão tendem a exagerar e a deturpar os fatos reais quando estão desequilibradas, pois as emoções perturbam a sua visão, levando-as a realizar pousos desastrosos. Um ego forte pode paralisar as asas das pessoas do totem do Falcão, prendendo-as ao solo. Às vezes o Falcão acredita que as pessoas incapazes de voar na mesma altura que ele são mais fracas e menos evoluídas. Isto é sinal de que ele ainda não está em perfeita sintonia com a própria capacidade de liderança. Neste caso, o Mensageiro Alado ainda não compreendeu o seu verdadeiro papel – o de ser um Mensageiro da Cura e da Luz!

A liberdade de voo constitui um privilégio. Ser mensageiro constitui uma honra. A responsabilidade de entregar a mensagem é sua! Levante voo e não se preocupe em ficar interpretando os sinais segundo os seus próprios pontos de vista. Permita que a pessoa que receba a mensagem possa interpretá-la da maneira que bem lhe aprouver. Por fim, se a mensagem não for especificamente destinada a você, não se intrometa. Limite-se a transmiti-la.

O Falcão na posição contrária o está ensinando a:
1. Desenvolver sua própria capacidade de observação.
2. Não ficar dizendo aos outros como eles devem pensar ou se comportar.
3. Deixar de lado sua bagagem emocional e seus próprios preconceitos antes de começar a receber sinais e mensagens ou receber as visões enviadas pelo Grande Mistério.
4. Lembrar-se de que todos os dons e talentos possuem o mesmo valor aos olhos do Grande Espírito!

Alce...
      Seus chifres almejam tocar o Sol.

Mostre-me que força
      e energia são,
          na verdade
              uma coisa só.

3
Alce
——— ENERGIA ———

O Alce perambulava pela floresta em busca de uma companheira. A estação de acasalamento estava no auge e os Alces que costumavam viajar com outros machos haviam se dispersado para encontrar as parceiras que os acompanhariam nesta temporada.

Porém, enquanto o Alce lançava seu chamado floresta afora, ele involuntariamente alertou o Puma da possibilidade de realizar um inesperado banquete.

O Puma cercou o Alce, descrevendo círculos cada vez menores em torno de sua presa à medida que o tempo passava. O Alce percebeu o perigo iminente no momento em que a floresta silenciou de súbito, em muda expectativa, e correu então para as terras altas para tentar escapar de seu agressor. Mas o Puma já o havia precedido e atirou-se sobre ele. Não conseguiu capturá-lo porque o Alce disparou à sua frente com incrível vigor, deixando-o exaurido de tanto saltar sobre troncos e pedras na inútil tentativa de capturá-lo. O Alce continuou então a subir para as terras altas num ritmo constante e muito acelerado, pois ele sabia que sua única defesa consistia justamente nesta capacidade de ir mais longe e mais rápido do que qualquer um de seus inimigos, utilizando ao máximo suas reservas de energia e sua determinação.

A carta do Alce ensina que sua energia aumentará se você for capaz de manter a disciplina e o ritmo em sua vida. Pode ser que as pessoas do totem do Alce não sejam as primeiras a atingir um determinado objetivo, mas elas certamente o alcançarão incólumes, em plena forma e ainda com reservas de energia para seguir em frente. Tudo é uma questão de encontrar o ritmo adequado para si mesmo. Caso você tenha exigido excessivamente de suas forças nos últimos tempos, é melhor você rever seus planos e traçar uma nova estratégia de ação, para que seja capaz de terminar seu empreendimento sem dar entrada no hospital ou cair enfermo.

O Alce possui uma curiosa espécie de energia guerreira, porque, exceto durante a estação de acasalamento, ele sabe honrar a amizade dos companheiros do mesmo sexo. Os Alces sempre podem apelar para a energia da fraternidade, para a energia de cura dos irmãos do mesmo sexo. Quando você descobrir a energia que decorre do amor pela própria espécie, conseguirá sentir um novo tipo de camaradagem nascendo em seu coração. Esta energia amorosa faz com que a amizade entre as pessoas do mesmo sexo não seja conspurcada por sentimentos de ciúme, inveja ou de competitividade.

Se você tirou a carta do Alce, isto significa que você necessita procurar a companhia de pessoas do mesmo sexo para recuperar a energia fraterna típica de sua própria espécie. Isto pode ser conseguido, por exemplo, pela participação numa terapia de grupo ou simplesmente pela prática de um esporte realizado em equipe, tal como futebol ou basquete. A interação com pessoas do mesmo sexo permite que você expresse seus sentimentos com segurança, ao mesmo tempo que pode observar as reações dos outros às mesmas experiências. Isto o ajudará a desenvolver um novo sentimento de integração, baseado na comunicação e na comunhão de ideais.

O Alce pode estar advertindo-o também de que é necessário avaliar a forma como você está lidando com o estresse em sua vida. Talvez seja tempo de rever suas metas ou de mudar a estratégia ou o ritmo de trabalho para cobrir a distância que o levará até seus objetivos sem graves traumas físicos nem psicológicos. Pode ser que você esteja necessitando apenas de umas vitaminas ou de uma alimentação mais balanceada, ou precisando de um período de repouso e meditação para reestruturar o seu universo interior.

CONTRÁRIA

Se o Alce apareceu na posição contrária, atenção: talvez você esteja exagerando em suas atividades, ultrapassando o nível tolerável de estresse e caminhando para um ponto de ruptura. Cuidado, pois este desgaste pode conduzi-lo a uma doença física ou a um colapso nervoso, que de qualquer maneira o obrigarão a fazer uma pausa, independente de sua vontade.

Por outro lado, pode ser apenas que você esteja negligenciando seu relacionamento com as pessoas do sexo oposto, pois pode já ter esquecido o sentimento de excitação criado na estação de acasalamento. Se for este o caso, a solução é simples: convide amigos do sexo oposto para jantar ou para fazer um programa interessante. Não é absolutamente necessário que você esteja interessado nestas pessoas do ponto de vista sexual, pois o que importa neste caso é a troca de energias com o sexo oposto, que pode ser muito recompensadora mesmo que não haja qualquer tipo de envolvimento físico.

Se você estiver tendo um relacionamento amoroso, o Alce invertido indica que a lua de mel pode ter acabado e a relação de vocês está necessitando de uma boa sacudidela para recuperar a excitação e o vigor. É preciso sempre recuperar o ritmo para que um relacionamento a dois possa durar e ser gratificante.

Em todos os casos, o que o Alce está procurando lhe dizer é que você precisa reconsiderar suas próprias metas e reavaliar a estratégia para poder alcançá-las. Aprenda a usar a mesma estratégia do Alce: pare quando for preciso, avance num ritmo constante sempre que for possível, e permita-se sempre a abertura para uma mudança de planos e um tempo para uma troca positiva de energias.

Corça... Tão Gentil
　　E carinhosa

　　A flor da meiguice,
　　　　Um abraço vindo de longe.

4
Corça
──── GENTILEZA ────

Um dia a Corça ouviu o Grande Espírito chamando por ela do topo da Montanha Sagrada. A Corça iniciou imediatamente sua jornada, sem imaginar que um terrível demônio tomava conta do caminho que levava à morada do Grande Espírito. O demônio estava tentando impedir que todos os Seres da Criação se aproximassem do Grande Espírito. Este demônio queria que todos os seres vivos pensassem que o Grande Espírito não desejava ser perturbado. Isto deixava o demônio satisfeito, pois ele se sentia poderoso e assustador.

A pequena Corça não sentiu o menor medo, e nem se assustou quando se deparou com o demônio, arquétipo do mais horrível dos demônios que já haviam existido. O demônio cuspiu fogo e fumaça sobre a Corça e tentou atemorizá-la com gritos terríveis.

Qualquer outra criatura teria morrido de medo ou tentado escapar o mais rápido possível, mas a Corça não fez nada disto. Ela se limitou a pedir gentilmente ao demônio:

— Deixe-me passar, por favor. Eu estou indo ver o Grande Espírito.

Os olhos da Corça estavam repletos de amor e compaixão por este demônio tão grande e tão feio... O demônio ficou totalmente desconcertado com a atitude da Corça e com sua própria incapacidade de assustá-la. Nada que ele pudesse tentar poderia amedrontá-la, pois o amor da Corça havia penetrado seu coração triste, feio e empedernido.

Para a própria consternação do demônio, seu coração de pedra começou a amolecer com o amor e a gentileza persistentes da Corça, de modo que o corpo antes gigantesco do demônio encolheu ao ponto de ficar do tamanho de uma casca de noz. O amor, a compaixão e o carinho personificados pela Corça abriram o caminho para que todos os filhos do Grande Espírito pudessem, daí por diante, alcançar o topo da Montanha Sagrada sem que os demônios do medo conseguissem impedir a sua passagem.

A Corça nos ensina a usar o poder da gentileza para tocar os corações e as mentes de todos os seres machucados pela existência, e que estão sempre tentando nos manter longe da Montanha Sagrada. Assim como existem pequenas manchas brancas e negras na pelugem da Corça, devemos aceitar a amar tanto a luz quanto a escuridão para sermos capazes de criar um mundo de amor e segurança para todos aqueles que buscam a paz.

Se a Corça teve a gentileza de abrir caminho até as suas cartas hoje, isto é sinal de que você está sendo solicitado a despertar em seu íntimo o amor e a ternura capazes de curar qualquer ferida. Deixe de tentar mudar os outros à força e tente amá-los do jeito que eles são. Empregue a gentileza para resolver seus dilemas atuais e volte a ser como a brisa de verão: quente e acariciante. Esta é a melhor solução para seus problemas e, se você empregar esta tática, o caminho estará livre para que você alcance a Montanha Sagrada, seu refúgio de equilíbrio e serenidade, a partir do qual você será guiado pelo Grande Espírito.

CONTRÁRIA

A Corça na posição invertida indica que você está exacerbando seus medos ao tentar lutar contra os demônios das ideias negativas. A Corça invertida está lhe ensinando que o uso da força não é o melhor método para solucionar seus problemas. Talvez você não esteja se permitindo amar a si mesmo com a intensidade suficiente para assumir seus próprios medos e suas próprias fraquezas e deixá-los partir em seguida. É bem possível que esteja projetando nos outros seus próprios medos, ou que pessoas a quem você teme estejam lhe lembrando daquelas épocas em que você reagia à vida da mesma maneira rígida e truculenta. A única coisa realmente capaz de se contrapor ao poder exacerbado é, justamente, desenvolver o amor e a compaixão da Corça. Se você se permitir descobrir características dignas de amor em você mesmo e nos outros, fará com que seus demônios se desvaneçam como que por encanto, pois os medos não podem jamais coexistir com o amor e a gentileza.

Lembre-se de que a Corça pode lhe dar muitas lições sobre o amor incondicional. Mas lembre-se também de que o amor incondicional nunca prende nem limita o outro. A doçura da Corça é o espaço do coração do Grande Espírito no qual reside o amor fraterno e incondicional por todos os seres do Universo.

Urso...
    Convide-me
        À sua caverna
            de Silêncio.

Onde as respostas
    São Silêncio
        Também.

5
Urso

―――― INTROSPECÇÃO ――――

A força de cura do Urso reside em seu poder de introspecção. Esta força está situada na direção Oeste da Roda de Cura da vida. O Urso sai em busca do mel, da doçura da verdade, buscando-o no buraco do tronco de uma velha árvore. No inverno, quando a Rainha do Gelo começa a reinar e a face da morte parece recobrir a Terra, o Urso recolhe-se à sua caverna-ventre para hibernar e assimilar as experiências do ano que passou. Diz-se que os nossos objetivos também residem no Oeste. Para atingi-los, concretizando os sonhos que carregamos no coração, devemos dominar a arte da introspecção.

Para nos tornarmos como o Urso e penetrarmos na segurança da caverna-ventre, temos que nos sintonizar com as energias da Mãe Eterna e passarmos a receber os alimentos da placenta do Grande Vazio. O Grande Vazio é o local no qual residem todas as soluções, em perfeita harmonia com todas as questões e os problemas que fazem parte da nossa vida. Se escolhemos acreditar que existem muitas perguntas a respeito da vida, precisamos acreditar também que existem respostas para essas questões em nosso interior. Todo e qualquer ser humano possui a capacidade de aquietar sua mente, de penetrar no silêncio para buscar as respostas e, por fim, de *saber*.

Diversas tribos designaram este espaço interior de conhecimento de Morada dos Sonhos. Neste espaço a ilusão da realidade física termina, e é substituída pela consciência da eternidade. É na Morada dos Sonhos que nossos ancestrais se reúnem em conselho, para nos mostrar os caminhos alternativos que nos permitirão atingir nossas metas. Este é o poder do Urso.

A energia receptiva feminina que durante séculos concedeu o dom da profecia aos místicos, aos visionários e aos xamãs está contida nesta energia tão especial do Urso. Na Índia, as cavernas simbolizam a caverna de Brahma, e a caverna de Brahma simboliza a glândula pineal, situada bem no centro dos quatro lobos do cérebro humano.

Quando tentamos visualizar o cérebro por cima, vemos um círculo em seu topo – o sul situa-se na fronte, o norte na parte traseira do crânio, o oeste no hemisfério direito e o leste no hemisfério esquerdo. O Urso está a oeste, no lado direito, e, portanto, na porção intuitiva do cérebro. Quando sai para hibernar, o Urso procura a caverna: o centro dos quatro lobos, onde se situa a glândula pineal. Enquanto o Urso hiberna e sonha na sua caverna, está buscando as respostas às suas questões e as soluções para seus problemas. Encontrando-as, o Urso renasce na primavera, com o mesmo frescor das flores que agora se abrem ao calor do sol.

Por tempos imemoriais, todos os buscadores de visões e da Dimensão dos Sonhos palmilharam o caminho do silêncio, acalmando o burburinho interior, para alcançar o local dos ritos de passagem o canal ou a glândula pineal. A partir da caverna do Urso você poderá encontrar o caminho para alcançar a Morada dos Sonhos e os seus níveis superiores de imaginação e de consciência. Ao escolher o Urso, o poder do conhecimento o está convidando a mergulhar no Silêncio e penetrar na Morada dos Sonhos. Mergulhando no Silêncio você permitirá que os seus sonhos se tornem realidade. Esta é a força do Urso.

CONTRÁRIA

Se você tirou o Urso na posição inversa, isto significa que seu burburinho interior impediu a percepção de seus verdadeiros objetivos. Ao ouvir conselhos alheios e tentar encontrar respostas nos outros, você negligenciou a sua própria capacidade, seus próprios conhecimentos e seus próprios sentimentos. É chegada a hora de retomar as rédeas de seu destino, pois somente *você* sabe qual é a melhor hora e a melhor maneira de agir em benefício de sua própria evolução. Recupere seu poder de atingir o conhecimento. Reencontre a alegria do silêncio e a riqueza do ventre materno. Deixe de lado os pensamentos e sentimentos confusos e negativos, e permita que a claridade que emerge do

Oeste alimente os seus sonhos, assim como a Mãe Terra nos alimenta a todos.

A carta do Urso invertida lhe ensina que você só será capaz de atingir seus próprios objetivos se você mesmo se dispuser a ser seu próprio conselheiro. Você só deve fazer aquilo que lhe proporcione verdadeira felicidade. Para alcançar esta felicidade você precisa conhecer a si mesmo. E conhecer a si mesmo significa conhecer o seu corpo, a sua mente e o seu espírito. Use a sua própria força para superar as suas fraquezas, mas reconheça sempre que tanto a força quanto a fraqueza são necessárias a sua evolução.

Viaje com o Urso até a tranquilidade de sua caverna. Acompanhe-o. Hiberne em seu silêncio. Passe a sonhar os seus próprios sonhos, e realize-os. Depois, fortalecido, você estará pronto para descobrir o mel que o aguarda na Árvore da Vida!

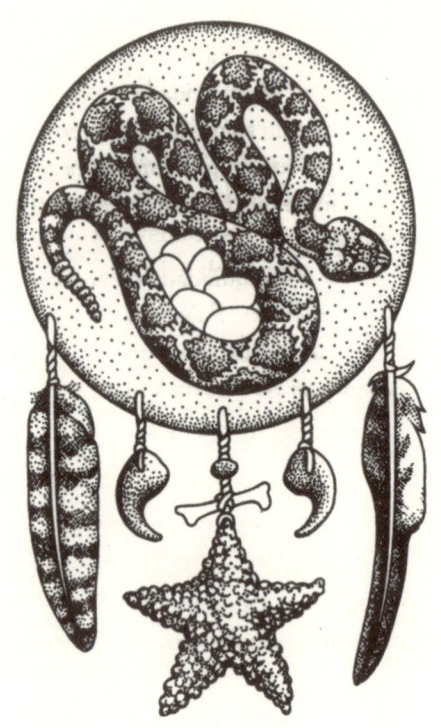

Cobra...
    Venha deslizando
        Com fogo nos olhos

Morda-me,
Desafie-me,
    Permita
        Que eu me realize.

Seu veneno transmutado
    Acende a chama eterna
        Abra-me as portas do céu,
            Cure-me uma vez mais!

6
Cobra

———— TRANSMUTAÇÃO ————

São raras as pessoas pertencentes ao totem da Cobra. A iniciação no totem da Cobra pressupõe que as pessoas tenham vivido e experimentado as múltiplas mordidas da cobra, e que tenham se tornado capazes de transmutar todos os venenos, quer sejam de natureza física, mental, emocional ou espiritual. O poder de cura da cobra representa o poder da criação, porque engloba a sensualidade, a energia psíquica, a alquimia, a reprodução e a ascensão (ou imortalidade).

O ciclo de transmutação, que consiste em viver-morrer-renascer, é simbolizado pela troca de pele da cobra. A energia da cobra é a energia da totalidade da consciência cósmica e da capacidade de viver todas as experiências de peito aberto, sem oferecer resistência. É a consciência de que todos os elementos da criação possuem o mesmo valor. Assim, se a pessoa estiver centrada, no estado de espírito correto, saberá que aquilo que é normalmente encarado como veneno pode ser comido, digerido, assimilado e transmutado. O veneno sempre pode ser transformado em energias positivas.

Thot, o atlante que mais tarde retornou como Hermes – o pai da Alquimia – criou o símbolo de duas cobras enroladas em uma espada para representar o processo de cura. Cada organismo vivo possui uma porção masculina e uma porção feminina. O processo de fusão da energia masculina com a energia feminina gera uma energia divina, a energia da criação e da transmutação. Quando aceitamos a ideia de que possuímos estas duas energias em nós, podemos criar um espaço para que elas se mesclem e convivam em harmonia.

O totem da Cobra lhe ensina que você é um ser universal. Se você conseguir aceitar e harmonizar todos os diferentes aspectos de sua vida, poderá alcançar a transmutação do seu ser por intermédio da energia do fogo. Essa energia do fogo, atuando no plano material, gera paixão, desejo, procriação e vitalidade física. No plano emocional gera sonhos, ambição, criatividade e coragem. No plano mental gera inteligência, poder, carisma e capacidade de liderança. Quando a energia do fogo atinge o plano espiritual, ela se transforma em sabedoria, compreensão, sentimento de integração com o Todo e de conexão com o Grande Espírito que nos criou.

Se você tirou esta carta, isto significa que existe em seu interior a necessidade de transmutar algum pensamento, algum desejo ou algum aspecto de seu comportamento, para que você possa se integrar definitivamente com o Todo. A energia da Cobra é sempre uma energia poderosa, que nos permite elevar o nosso nível de consciência. Torne-se um sábio ou um xamã, transmutando a sua energia e aceitando todo o Poder do Fogo em seu interior.

CONTRÁRIA

Se você tirou a carta da Cobra na posição invertida, isto significa que você pode ter escolhido mascarar ou sufocar a sua capacidade de adaptação às mudanças. Você pode não estar querendo mudar alguns aspectos de sua vida porque este processo é muito desagradável ou doloroso, mas, ao agir assim, estará sufocando o xamã que existe em seu íntimo. Sua vida atual está sendo confortável, mas, por outro lado, rotineira e tediosa? Para escapar deste esconderijo seguro porém improdutivo, torne-se uma cobra e abandone a sua velha identidade para adquirir uma nova pele. Abandone esta ilusão que insiste em paralisar sua vida dentro da rotina de uma experiência monótona, e parta em busca de um novo ritmo à medida que seu corpo desliza pelas areias do conhecimento como um rio percorrendo caminhos sinuosos para dissolver-se nas águas do mar. Faça como o rio, misture-se com o mar e sinta que a gotinha que você representa foi aceita e absorvida pela imensidão do oceano.

Sinta em si o ritmo da Cobra, e você será capaz de dançar livremente, incorporando as forças transformadoras do Universo como parte de sua sensual dança de poder!

Gambá Americano... conte-me a sua história
Para que eu possa aprender a lição:
De como atrair
E como repelir.

7
Gambá Americano
REPUTAÇÃO

Você pode até achar graça ao imaginar que o Gambá possui algum tipo de energia de cura. É isso aí – pode rir! Mas o fato é que esse animalzinho possui uma reputação que inclui uma boa dose de poder. O Gambá Americano possui um estilo de vida único, que consegue manter os seres humanos à distância. A palavra-chave que serve para sintetizar a sua personalidade é: *respeito*.

Ao contrário dos animais predadores, o Gambá Americano não ameaça a sua vida, mas ameaça os seus sentidos. Todos os que já estiveram por perto de um Gambá quando ele resolve exalar o seu cheiro sabem o quanto isto é verdade! Quando estudamos os hábitos e o comportamento do Gambá Americano podemos observar que o seu estilo de vida é leve e brincalhão. Porém, sempre que é necessário, esta pequena criatura de quatro patas consegue impor uma atitude de "Alto lá! Sabe com quem está falando?". Ela obriga o observador a respeitar o seu espaço, e consegue isto, simplesmente, com sua reputação.

O Gambá Americano está lhe ensinando que você deve continuar honrando as suas verdades e respeitando os seus próprios princípios, para criar em torno de si mesmo um ambiente de respeito e uma reputação de força e de honradez. O Gambá Americano nos ensina que não há necessidade de provocar, atormentar, oprimir ou pressionar as outras pessoas quando você acredita em si mesmo ou sente orgulho de sua própria personalidade, particular e distinta de todas dos demais. Os outros conseguem perceber, através dos sentidos, o campo ressonante de energia que emana do seu corpo, assim como acontece com o Gambá Americano. A autoestima permeia toda a energia corporal, sendo percebida de imediato pelos outros, num nível extrassensorial.

Tente definir, sem egocentrismo, a sua própria personalidade. Saiba exatamente quem é você, conscientize-se do seu valor, e a sua autoestima irá aflorar de modo espontâneo. A subsequente mudança em sua personalidade atrairá quem tiver o espírito e as ideias semelhantes, ao mesmo tempo que irá repelir as pessoas indesejáveis. O odor do Gambá atrai outros da mesma espécie, mas repele todos aqueles que não sabem respeitar o seu Espaço Sagrado.

As pessoas pertencentes ao totem do Gambá possuem a capacidade de atrair os outros e são sempre muito carismáticas. Em contrapartida, elas possuem um talento natural para repelir aqueles que desejam apenas sugar suas energias, sem oferecer nada em troca. As pessoas do totem do Gambá Americano também sabem como usar a sua energia pessoal para atrair um novo amante. Algumas pessoas acreditam que esta atração sexual é baseada na secreção de uma substância inescrutável, similar ao almíscar secretado para atrair o macho de sua espécie. Pode ser perigoso transmitir energia sexual se você não estiver procurando um verdadeiro companheiro, pois isto poderá colocá-lo em situações satisfatórias para o seu ego, mas frustrantes para os demais. Quando você seduz alguém que se interessa por você, na verdade está enviando a seguinte mensagem: "Estou disponível." Isto pode ser muito perigoso, porque implica o desperdício de uma enorme cota de energia que poderia ser usada para finalidades mais nobres, e também porque pode provocar reações agressivas quando a verdade for descoberta e a pessoa seduzida sentir que foi manipulada.

No processo de cura do Gambá Americano é necessário aprender a controlar o fluxo de energia que emana do seu corpo. Os modernos psicoterapeutas chamam isto de linguagem corporal. Na linguagem dos índios norte-americanos você está revelando aos outros a sua energia pessoal através do seu corpo e dos seus gestos. Você deve empregar esta energia da melhor forma possível, pois é reconhecido pela sua própria reputação. O uso de sua energia pessoal tanto pode atrair a honra e a felicidade quanto a desgraça e o sofrimento. Examine bem que tipo de energia você está transmitindo, pois é aí, justamente, que reside o segredo de sua atual situação de vida.

Se você escolheu este símbolo hoje, significa que precisa avaliar melhor as pessoas que se sentem atraídas por você. Caso elas despertem os seus bons sentimentos e o estimulem favoravelmente, aproveite para reconhecer suas próprias qualidades e reforçar sua autoestima. Ande de cabeça erguida, aceitando os elogios com satisfação e orgulhando-se de si mesmo! Caso isto não esteja acontecendo, lembre-se de que o respeito por si mesmo é a sua melhor proteção. Projete autoestima para o mundo!

CONTRÁRIA

A energia do Gambá Americano na posição contrária ou invertida significa que os outros podem estar vendo você como uma pessoa metida ou arrogante. Observe se você não está repelindo as pessoas que o cercam por causa de seu ciúme, sua inveja ou porque está refletindo a baixa autoestima destas mesmas pessoas. Examine sinceramente os seus próprios sentimentos. Não tente se iludir, seja honesto consigo mesmo. Corrija esta situação assumindo a mesma atitude do Gambá Americano – a despreocupação. Quando você conseguir encarar os seus próprios problemas de maneira objetiva e desapaixonada – despreocupadamente –, conseguirá neutralizar os efeitos da perda de energia vital.

Ao deixar vazar sua energia vital, você pode estar empesteando o ambiente em torno de si. Há pessoas que costumam despejar todos os seus problemas sobre o primeiro que aparecer à sua frente e que tiver a paciência de escutá-las. Caso você esteja procedendo desta forma, mude imediatamente de atitude, entre um pouco no silêncio e procure conforto para os seus problemas em seu próprio Ser Interior. Pode ser também que você esteja desperdiçando energia sexual e repelindo o objeto de seu interesse. Pode ser que esta pessoa seja tímida demais para repeli-lo, apesar de não estar interessada em você. Faça uma autoanálise rigorosa e veja como os outros acabam reagindo à sua presença.

Para equilibrar as causas e os efeitos de suas ações e aprender a controlar o fluxo de suas energias vitais, você precisa aprender a distinguir o momento oportuno para enviar o seu perfume em direção aos outros, repelindo a inveja, o ciúme, a ambição ou o desejo sexual deles em relação a você.

Por outro lado, pode ser que você não esteja cultivando devidamente a sua autoestima, e esteja se depreciando aos olhos dos outros. Tenha consciência do seu próprio valor, e mantenha a cabeça erguida onde quer que você vá. Lute sempre pelo seu "direito de ser você mesmo". A chave em todas estas situações é a autoestima. O ego é tão somente aquilo que você mesmo acredita ser.

O Gambá Americano cruzou o seu caminho para lhe dizer: "Se o seu próprio ego não é o seu amigo, você mesmo sabe que ele cheira mal!"

Lontra...
    Tão brincalhona!
    Tão coquete.
        Banhando-se no rio...
        A magia da mulher...
            O Sonho Realizado.

8
Lontra
—— A MAGIA DA MULHER ——

A cura da Lontra engloba uma série de lições sobre energia feminina, lições aplicáveis tanto ao homem quanto à mulher, pois todos nós temos um lado feminino e outro masculino em nossa personalidade. A pele da Lontra é frequentemente utilizada para fazer sacolas de talismãs para mulheres de poder, porque simboliza a energia feminina em seu perfeito ponto de equilíbrio.

A Lontra é uma mãe devotada, que é capaz de passar horas brincando com os seus filhotes, fazendo as mais fantásticas acrobacias. Ela vive na terra, mas sua morada é sempre próxima da água. Os elementos Terra e Água são os elementos femininos por excelência. Como a Lontra se sente em casa em ambos, ela é a personificação da feminilidade: esguia, suave e graciosa. A Lontra é a grande coquete do mundo animal!

A Lontra está sempre em movimento e é bastante curiosa. Ao contrário da maioria dos animais, ela jamais começa uma briga e só reage depois de ser atacada. Isto porque, com seu espírito alegre e aventureiro, a Lontra considera que todos em volta são seus amigos, até que eles provem o contrário.

Esses traços de caráter são as características de um lado feminino bem equilibrado, o nosso lado que permite que os outros penetrem em nossas vidas sem que tenhamos suspeitas nem preconceitos. A Lontra nos ensina que a energia feminina bem equilibrada não é ciumenta nem maliciosa, é um espírito de irmandade, sempre feliz em compartilhar sua boa sorte, bem como em desfrutar a boa sorte dos outros. Ciente de que *todas* as realizações individuais trazem benefícios para a tribo como um todo, as pessoas do totem da Lontra sabem se regozijar com os triunfos alheios.

Nos velhos tempos, quando ainda imperavam as leis tribais, se uma mulher enviuvava, sua irmã oferecia o próprio marido para ela como amante, para que ela não se tornasse seca e amarga em virtude da impossibilidade de dar vazão aos seus impulsos criadores. Isto também faz parte da energia de cura da Lontra, pois o ciúme, a inveja e o medo de ser superada ou substituída não existem na mente bem equilibrada da Lontra. Ela está consciente de que todos os bens e todas as energias devem ser compartilhadas com o resto da tribo.

Quando a energia feminina é inteiramente destituída das artimanhas de controle, ela nos propicia uma experiência maravilhosa – a liberdade de amar sem ciúme. É a alegria de amar os filhos dos outros e de se regozijar com as suas vitórias como se fossem os nossos próprios filhos.

Se você tirou a carta da Lontra, isto significa que talvez esteja precisando reavaliar suas ideias e passar a compartilhar as riquezas de sua vida com os outros. A Lontra pode estar lhe dizendo que você precisa expressar melhor as suas refinadas qualidades femininas, quer você seja homem, quer seja mulher. Este processo pode incluir a eliminação do ciúme e de todos os atos de raiva que normalmente decorrem deste sentimento negativo. Significa que você tem que controlar seu ego com o olhar vigilante do Falcão, para ser capaz de confiar plenamente nos outros. Teríamos um mundo no qual todas as pessoas se unem para honrar o direito de cada uma expressar o seu próprio *ser* em toda a sua plenitude.

Se você hoje se sintonizou com o símbolo da Lontra, isto pode estar indicando que precisa voltar a tornar-se uma criança brincalhona, e simplesmente deixar as coisas acontecerem e se expandirem em sua vida. Talvez seja chegado o momento de abandonar o velho hábito de viver eternamente preocupado com tudo. A Lontra também nos ensina o desapego aos bens materiais, que possuem o poder de nos deixar presos e amarrados e que podem, inclusive, se transformar num verdadeiro fardo.

Observando cuidadosamente os hábitos da Lontra você pode aprender a se abrir para a felicidade contida no lado mais receptivo de sua natureza. Você tem se dado presentes ultimamente? Tem recebido mensagens durante as suas meditações? Pois transforme-se numa Lontra e deixe-se conduzir suavemente pelo rio da vida. Deixe-se fluir com as águas do Universo... pois é este o caminho da energia receptiva feminina bem equilibrada. Honre-a! Assim procedendo você irá descobrir o poder da mulher, o poder de cura da energia feminina.

CONTRÁRIA

Se a carta da Lontra saiu na posição invertida, talvez você esteja pulando sem cessar de uma ideia para outra, sem fixar sua energia mental numa única meta. Isto também pode significar que você pode ter se esquecido de se abrir para tudo aquilo que a vida tem para lhe oferecer. Você pode estar bloqueando um presente que o Universo quer lhe ofertar ao usar somente o seu lado masculino. Se for este o caso, você pode ficar meio sem jeito ao receber cumprimentos, ao ser abraçado por alguém, ou ainda estar impedindo o desabrochar de sua verdadeira personalidade.

A mensagem da carta da Lontra na posição invertida é a do medo da rejeição. Abandone a excessiva seriedade, expulse os medos de sua mente, e passe a brincar mais com a vida. Perceba que o *único* fluxo verdadeiro é o fluxo que emana do amor do Grande Espírito em sua direção, é o sentimento de amor que emana de você em relação aos demais e dos demais em relação a você.

Borboleta... esvoaçando
Na luz da manhã,
Você já teve tantas formas
Antes de conseguir
Alçar o seu voo!

9
Borboleta
—— TRANSFORMAÇÃO ——

O poder que a Borboleta nos traz é oriundo do ar. É a mente e a capacidade de conhecer a mente e de mudá-la. É a arte da transformação.

Para poder usar o poder de cura da Borboleta você precisa começar a observar cuidadosamente sua própria posição no ciclo de autotransformação. Assim como a Borboleta, você está sempre passando por alguma etapa em suas atividades da vida. Você pode, por exemplo, estar no estágio do ovo, que simboliza o começo de todas as coisas. É o estágio no qual as ideias nascem, mas ainda estão longe de se materializar. Já o estágio da larva é o ponto no qual você decide inserir esta ideia no mundo físico que o cerca. O estágio do casulo significa o movimento de "ir para dentro", desenvolvendo algum projeto, alguma ideia ou, ainda, determinado aspecto de sua personalidade. O estágio final da transformação é o abandono da crisálida. É a etapa do nascimento. Este último passo – o da Borboleta esvoaçando – significa que agora você já está em condições de compartilhar as cores e a alegria de sua criação com as outras pessoas.

Se você olhar atentamente para a lição que a Borboleta está tentando lhe ensinar, verá que a vida está sempre em processo de transformação. É um ciclo sem fim de autotransformação.

A maneira de descobrir em que estágio deste ciclo de transformação você se encontra consiste em perguntar a si mesmo:

1. **Estágio do Ovo** – esta é apenas uma ideia ou será um anseio verdadeiro?

2. **Estágio da Larva** – tenho que tomar uma decisão?

3. **Estágio do Casulo** – estou me esforçando para viabilizar a concretização de minha ideia?

4. **Estágio do Nascimento** – estou compartilhando com os outros a ideia que foi materializada?

Ao fazer essas perguntas a si mesmo, você descobrirá como a Borboleta se relaciona com você neste momento. Quando descobrir em que ciclo está, este símbolo poderá ajudá-lo a perceber o que é preciso fazer em seguida para continuar crescendo em seu movimento de autotransformação. Ao descobrir em que posição está no ciclo da vida, você adquirirá a criatividade da Borboleta, e conseguirá alçar voo.

Usando o ar – os poderes mentais – desta energia, tudo irá de bom a melhor. Por exemplo: se você está se sentindo exausto e não sabe como acabar com sua fadiga, observe quais são as cores que o têm atraído ultimamente. Seu corpo sente-se melhor quando vestido de cor verde? Isto talvez signifique que você precisa comer mais vegetais. Este tipo de associação é inspirada pela energia de cura da Borboleta.

A Borboleta pode clarear seu processo mental, ajudando-o a organizar o projeto no qual você está envolvido atualmente, ao mesmo tempo que o auxilia a encontrar o próximo passo em sua carreira ou em sua vida pessoal. A mensagem principal que pode ser depreendida da escolha desta carta é que você está preparado para passar por algum tipo de transformação profunda.

Para descobrir qual deve ser seu próximo passo, inspire-se na sequência da Borboleta e em suas Quatro Direções.

CONTRÁRIA

Se você tirou a carta da Borboleta na posição invertida, sua lição é muito simples: você não está admitindo que existe uma necessidade de mudança em sua vida. Esta mudança tanto pode ser a necessidade de mais liberdade, de um novo emprego ou simplesmente de um período de férias. Talvez você ache que é difícil mudar e esteja manipulando as coisas para continuar acomodado na situação antiga. Mas se você estiver procedendo desta forma, impedindo toda e qualquer possibilidade de mudança, estará desperdiçando a coragem da Borboleta. E por que a Borboleta representa coragem? A Borboleta representa justamente a *coragem* porque ela emerge do casulo com uma forma totalmente diferente da precedente, sabendo que o mundo exterior é inteiramente diverso do interior do casulo. Este novo mundo exige que você utilize suas asas recém-adquiridas para voar! É o seu momento de alçar voo!

Tartaruga... Grande Mãe,
 Alimente meu espírito
  Agasalhe meu coração

Para que eu possa servi-la também...

10
Tartaruga

―――― MÃE TERRA ――――

Nos ensinamentos dos índios norte-americanos, a Tartaruga é o símbolo mais antigo do planeta Terra. É a personificação da energia das deusas e também da eterna Mãe, da qual derivam nossas vidas. Nós nascemos das entranhas da Terra e nossos corpos retornarão para seu solo quando morrermos. A Tartaruga nos alerta para a necessidade de honrar a Terra e respeitar a necessidade de dar e receber, dando para a Terra aquilo que dela recebemos.

A Tartaruga possui uma carapaça similar àquela empregada há milênios pela Terra para proteger-se das profanações das quais é vítima. A proteção da Mãe Terra manifesta-se nas mudanças que ocorrem em sua superfície, nos abalos sísmicos, na atividade vulcânica, que faz surgir novas porções de terra, e nas alterações climáticas.

Assim como a Tartaruga, você também possui carapaças que o protegem da inveja, do ciúme, das agressões e da inconsciência alheia. O totem da Tartaruga o ensina, por seus padrões de comportamento, a saber se proteger. Se você está sendo incomodado pelas palavras e ações dos outros, é tempo de se recolher dentro de sua carapaça para honrar seus próprios sentimentos. Se está sendo agredido, é hora de demonstrar que você não pretende aceitar estes ataques passivamente. É hora de lançar um sinal de alerta.

Se você tirou a carta da Tartaruga, é sinal de que você está sendo convidado a honrar a fonte curadora que existe em seu interior, a buscar uma conexão maior com a Terra, e a observar sua própria situação atual com compaixão maternal. Use as energias da terra e da água – as duas moradas da Tartaruga – para ver sua situação presente de vida fluindo de maneira harmoniosa e para fincar firmemente seus pés na terra num Lugar de Poder.

A Tartaruga é uma excelente professora da arte de encontrar uma ligação maior com a Terra. Usando o poder de cura da Tartaruga, você será capaz até mesmo de superar sua tendência de *viver no mundo da lua*. Aprendendo a manter os pés no chão, você será capaz de focalizar melhor seus pensamentos e suas ações, aprendendo a relaxar, a desacelerar e a encontrar a paz que possibilitará a concretização de seus ideais.

Com sua calma proverbial, a Tartaruga o adverte do risco de tentar "apressar a corrente do rio". O milho colhido antes do tempo não atinge a plenitude, mas se deixarem que ele amadureça em seu próprio ritmo, ele se desenvolverá bastante e servirá de alimento para um número maior de pessoas.

A Tartaruga enterra seus pensamentos na areia, como faz com seus ovos, deixando ao sol a missão de chocá-los. Isto a ensina a amadurecer suas ideias antes de deixá-las virem à luz. Lembre-se da antiga fábula da Lebre e da Tartaruga e decida por si mesmo se você vai se alinhar com a Tartaruga ou com a sua oponente. Ser grande, forte e rápido não são necessariamente os melhores requisitos para se atingir um objetivo, pois quando você chegar à sua meta podem lhe perguntar onde esteve, e talvez você não seja capaz de responder a essa pergunta. Neste caso, chegar prematuramente à meta pode fazê-lo sentir-se muito imaturo. Siga o fluxo da correnteza do rio.

Se você tirou a carta da Tartaruga, isto é um prenúncio de um período no qual você terá uma conexão maior com o poder da Terra e da Deusa-Mãe que reside em seu interior. Não importa em que situação você se meteu, se você pedir ajuda à Deusa-Mãe ela resolverá o seu problema e trará abundância à sua vida.

CONTRÁRIA

Se você tirou a carta da Tartaruga na posição invertida, isto significa que a Mãe Terra está pedindo que você retome contato com ela. Se você se tornou uma pessoa leviana e irresponsável, do tipo que atira lixo pela janela do carro em vez de jogá-lo na lixeira, a Mãe Terra está lhe chamando a atenção. Se você se sente sozinho e angustiado,

Ela também está lhe chamando. Se está passando fome, atravessando um longo período de dificuldades financeiras ou tentando infrutiferamente ter um filho, use a energia de cura da Tartaruga. Saiba que você não está sozinho... nunca. Você é um filho da Terra. Todos os atos de prazer, alegria e abundância nos são doados pela força curativa da Mãe Terra. Use a energia curativa da Mãe Terra para ajudá-lo e você receberá tanta energia que ainda será capaz de reparti-la com os demais.

A carta da Tartaruga na posição invertida pode ser simbolizada pela imagem da Tartaruga virada sobre seu casco, com as quatro patas no ar, lutando desesperadamente para recolocar-se sobre suas patas. Você não é uma vítima indefesa, apesar de sua situação atual poder levá-lo a acreditar nisto. Para ser capaz de endireitar a Tartaruga atingida em sua dignidade, você precisa somente fazer uma lista das coisas pelas quais é grato e, a partir deste ponto de gratidão criado em seu coração, buscar a abundância e as alternativas que a Mãe Terra lhe oferece.

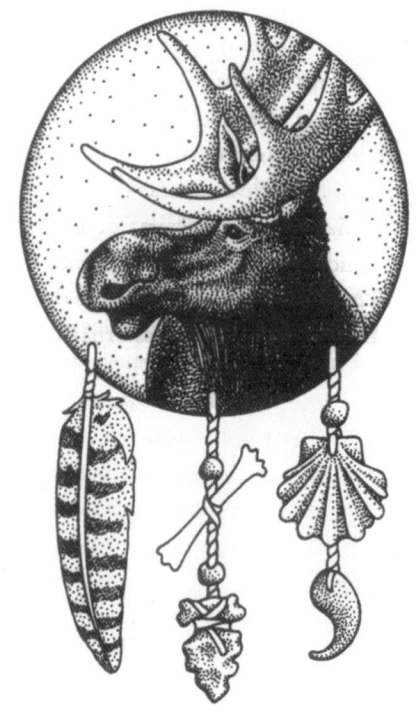

Alce Americano...

    Ajude-me a honrar os dons
       que tenho a oferecer
    E a reconhecer meus méritos
       enquanto eu viver.

II
Alce Americano
———— AUTOESTIMA ————

Assim como o Búfalo, o Alce Americano é encontrado ao Norte da Roda de Cura, no lugar da Sabedoria. A energia de cura do Alce Americano é a autoestima, porque representa o poder de reconhecer que esta energia tem sido usada em diversas situações, fazendo-o merecedor de aplauso e reconhecimento.

O Alce Americano é o maior animal da família dos cervos. O som do chamado do Alce Americano macho é uma coisa impressionante de se ouvir numa almiscarada noite de primavera. O orgulho de sua masculinidade e sua ânsia em compartilhar sua semente com uma fêmea de sua espécie são signos evidentes de sua forte autoestima. A parte inferior do corpo de um Alce Americano pode ser encarada como uma força positiva, pois representa sua vontade de gritar ao mundo todos os seus sentimentos.

Essa vontade de comunicar a todos sua felicidade é decorrente de um sentimento de autorrealização. Não há satisfação maior do que aquela proporcionada por um trabalho bem-feito. Esta ânsia em comunicar ao mundo suas realizações, presente na personalidade do Alce Americano, não é sinal da busca de reconhecimento e de aplauso, e sim a espontânea explosão de alegria que emerge das profundezas de cada um de nós.

A sabedoria implícita no comportamento do Alce Americano é a consciência de que a criação constantemente traz à tona novas ideias e novas realizações. O que o Alce Americano está tentando nos dizer é que a alegria deve ser orgulhosamente proclamada aos quatro ventos. Nisto reside a sabedoria de que a alegria é contagiante, beneficiando a todos os que entram em contato com ela. Num certo sentido, aquele que festeja ruidosamente suas próprias vitórias está nos convidando a fazer o mesmo também, a saber comemorar os nossos sucessos e os sucessos dos outros.

As pessoas do totem do Alce Americano possuem a capacidade de reconhecer quando é preciso usar a gentileza característica dos cervos ou quando é preciso recorrer à potência do Búfalo. Elas sabem encontrar o equilíbrio entre a necessidade de dar ordens para que as coisas sejam feitas e a disposição de fazer as coisas sozinhas, sem a ajuda de ninguém. A sabedoria do Alce Americano é semelhante à do Avô Guerreiro que já abandonou sua pintura de guerra há muito tempo e agora se empenha em prevenir os jovens impetuosos da importância de manter a cabeça fria.

A cura do Alce Americano é frequentemente encontrada entre os anciões que já trilharam a Boa Estrada Vermelha e já viram muitas coisas nesta sua Caminhada pela Terra. A alegria das pessoas do totem do Alce Americano reside em ensinar e encorajar as crianças, orientando-as em direção ao bom caminho. Elas sabem usar a sabedoria adquirida tanto para censurar quanto para elogiar, e sabem encontrar sempre o melhor momento para dizer a palavra certa para a pessoa necessitada de incentivo ou orientação. As pessoas da energia do Alce Americano sempre sabem o que dizer, quando dizer e a quem dizer esta palavra certa.

Nas sociedades dos índios norte-americanos, os anciões são louvados pelo dom da sabedoria pela capacidade que têm de ensinar, pela calma e pelo comedimento que demonstram nas reuniões do Conselho Tribal. Se você foi abençoado com a energia do Alce Americano e já adquiriu a sabedoria, apesar de não ser ainda um ancião, use este dom para encorajar os outros a aprender e a crescer. Existem muitas facetas na sabedoria do Alce Americano, e muitas formas de empregar a sua energia de cura.

Se você tirou a carta do Alce Americano, isto significa que você tem motivos para orgulhar-se de algo que realizou. Pode ser um vício que você abandonou, a concretização de algum trabalho ou tarefa, uma intuição capaz de permitir a realização de uma meta, ou a árdua superação de urna falha de caráter. É chegada a hora de orgulhar-se de sua vitória e de compartilhar o sucesso com aqueles que o auxiliaram nessa conquista.

Um bom exercício para desenvolver os atributos do Alce Americano é anotar as coisas que o fazem se sentir orgulhoso de si mesmo e os progressos que você já obteve nesta vida. Isto feito, elabore listas semelhantes a respeito de seus parentes, amigos e colegas de trabalho. Não se esqueça de compartilhar sempre suas descobertas com os demais, pois, assim como ocorre com você, eles também precisam de estímulo, de aplausos e de encorajamento.

CONTRÁRIA

Se você tirou a carta do Alce Americano na posição invertida, isto é sinal de que precisa aprender que o egocentrismo pode destruir todo o prazer de uma conquista. Lembre-se de que os outros também possuem o mesmo potencial que você, e não deixe de reconhecer e elogiar os méritos alheios. A carta do Alce Americano na posição invertida é sinal de que você se preocupa unicamente com seus próprios problemas e objetivos pessoais, desinteressando-se dos outros e esquecendo-se que cada um de nós tem algo a ensinar aos outros. Você precisa interromper suas atividades por um período, recolher-se, acalmar a mente e o espírito e deixar que a força e a sabedoria do silêncio penetrem profundamente em seu coração. O segredo da magia do Alce Americano é precisamente o reconhecimento da sabedoria do silêncio, de modo a fazer com que você saiba discernir claramente quando é apropriado falar e quando é mais conveniente manter-se calado. Assim, no momento certo de falar, você poderá orgulhar-se de suas Palavras de Sabedoria!

Porco-espinho...
Traga-me de volta

A inocência
Cada homem – um irmão
Cada mulher – uma amiga.

12
Porco-espinho
—————— INOCÊNCIA ——————

O Sul da Roda de Cura é ocupado pela inocência, a humildade e a alegria de viver. É aí que reside o Porco-espinho.

    O Porco-espinho possui muitas qualidades e uma energia muito poderosa: o poder da fé e da confiança. O poder da fé traz em si a possibilidade de remover montanhas. O poder de confiar na vida envolve a confiança no plano divino traçado pelo Grande Espírito. A sua tarefa é a de encontrar o caminho que lhe possa ser mais benéfico e lhe permita usar o maior número possível de seus dotes pessoais para ajudar na elaboração desse plano divino. A confiança e a verdade podem abrir as portas para a criação de um novo espaço. Um espaço que permita aos outros abrirem seus corações para você, compartilhando as dádivas da alegria, do amor e da camaradagem.

    Quando você olha para um Porco-espinho, a primeira coisa que percebe são seus espinhos, mas estes espinhos somente são utilizados quando se rompe a confiança entre o Porco-espinho e outra criatura. O Porco-espinho é um ser gentil, amoroso, brincalhão e amistoso, assim como a Lontra. Quando não existe medo, uma pessoa pode alimentar tranquilamente um Porco-espinho com suas próprias mãos sem se machucar com os seus espinhos.

    Por meio da compreensão da natureza real deste animal, você será capaz de perceber sua própria necessidade de voltar a ser como uma criança, reaprendendo a confiar e a acreditar novamente. No mundo moderno, este é um lembrete necessário para que não nos esqueçamos de louvar a maravilha que é viver, sabendo apreciar o surgimento de cada dia como mais uma possibilidade de fazer novas descobertas e viver novas aventuras.

O Porco-espinho sentou-se silenciosamente diante de um buraco num velho tronco, conjecturando se aquilo era um brinquedo que a natureza tinha criado especialmente para ele. O Porco-espinho ficou imaginando tudo o que ele podia fazer com aquele tronco. Podia subir no tronco e fazê-lo rolar de um lado para outro; ele podia entrar naquele buraco para ver se encontrava ali suculentas minhocas para seu jantar; ou podia simplesmente coçar as costas na superfície rugosa do tronco.

Justamente quando o Porco-espinho estava pensando no que iria fazer, ele viu um grande Urso negro se aproximando em busca de mel e ficou feliz com a ideia de ter um amigo para brincar.

— Olá, Urso, você deseja brincar com meu tronco? — perguntou ele.

— Porco-espinho, você não sabe que eu já estou velho demais para perder tempo com brincadeiras? Eu estou procurando mel e você está me atrapalhando. Saia já do meu caminho! — retrucou asperamente o velho Urso rabugento.

— Nunca estamos velhos demais para brincar — respondeu o Porco-espinho. — Se você esqueceu a alegria dos folguedos infantis, será sempre tão impaciente e rabugento quanto você está sendo neste momento!

O Urso começou a pensar no que o Porco-espinho dissera e chegou à conclusão de que talvez ele tivesse razão. Todos os demais animais haviam fugido dele, e até os outros Ursos viraram-lhe as costas quando bramira para eles. Somente o pequeno Porco-espinho não fugiu achando que ele pretendia devorá-lo. Ele estava tentando até mesmo ser seu amigo!

O velho Urso olhou para o Porco-espinho e começou a sentir alguma coisa se modificando dentro dele à medida que se lembrava da alegria de suas brincadeiras infantis. Subitamente, ele deu-se conta de que a felicidade tornou a florescer novamente em seu peito.

— Pequeno Porco-espinho, você me fez lembrar que à medida que eu me tornava mais forte e buscava respostas para um número cada vez maior de questões, eu fui me tornando um intelectual. Fiquei assustado com o que os outros poderiam pensar se eu deixasse cair minha máscara arrogante. Eu tinha medo de que deixassem de me levar a sério, mas você ensinou-me que sendo intratável desta forma eu estava fazendo com que os outros se afastassem de mim. Muito obrigado por ter me aberto os olhos. Venha, eu gostaria muito de brincar com esse velho tronco.

E foi assim, reaprendendo a inocência com o Porco-espinho, que o Urso tornou-se brincalhão novamente.

Ao escolher a carta do Porco-espinho você fez a si mesmo uma gentil advertência de que não devia continuar preso ao caos do mundo adulto, que costuma ser dominado pelo medo, pela ambição e pelo sofrimento. A mensagem de cura desta carta é alertá-lo para não levar as coisas demasiadamente a sério. Aprenda a abrir o seu coração para aquelas coisas que costumavam lhe dar alegria quando você era criança. Lembre-se do valor da fantasia e da imaginação. Recorde-se do tempo em que você era capaz de criar um universo de beleza e alegria, transformando em brinquedo qualquer objeto que encontrasse à sua frente. Honre a beleza e a delicadeza do espírito, que permite a todos conquistarem as suas vitórias.

CONTRÁRIA

Ao tirar a carta do Porco-espinho na posição invertida, você está avisando a si mesmo de que não conseguirá vencer no jogo da vida se continuar levando as coisas demasiado a sério. Você pode estar se sentindo profundamente magoado ou temeroso em alguma área de sua vida. É possível que você tenha recebido recentemente um duro golpe do destino, e esteja se sentindo ferido e incapaz de confiar nos outros novamente. Se for este o caso, é chegada a hora de dar a volta por cima e confiar em sua própria capacidade de superar os problemas com alegria e coragem. Você está disposto a voltar a ter confiança em si mesmo? Comece a anotar numa folha de papel os seus sentimentos a respeito do problema ou da situação que o angustia. Descubra como a sua criança interior pode consolar o seu *eu* adulto atual. Esta criança interior poderá ajudá-lo a reencontrar sua fé e sua confiança.

O Porco-espinho invertido, ferido em sua dignidade, fica muito vulnerável, com o seu ventre exposto e seus espinhos cravados no solo. Nesta posição, fica muito difícil se defender. Talvez você esteja tentando ficar mais vulnerável para poder voltar a ter esperança. Talvez você esteja precisando rolar sobre o seu próprio corpo, inverter a sua situação, para voltar a botar os pés no chão. Esta posição está indicando que você está mais sensível e vulnerável, pronto para aceitar um pouco mais de amor dos outros. Seja qual for o caso, se você não estiver se achando capaz de confiar novamente nos outros, a carta do Porco-espinho na posição contrária o está obrigando a encarar seus problemas de frente e a não tentar evitá-los. Esta carta o está forçando a ver o "porquê" das situações. Ou, ainda, o "porque não"!

Coiote... seu espertinho!
 Você me enganou novamente!
  Preciso parar um pouco
   Para pensar
    Por que você fez isto comigo...

13
Coiote
—— O TRAPACEIRO ——

Existem milhares de mitos e histórias a respeito do Coiote, o grande trapaceiro. Em muitas culturas nativas norte-americanas, o Coiote é chamado de *Cachorro-que-Cura*. Se você tirou esta carta, isto significa que algum tipo de lição está vindo ao seu encontro, e pode ser inclusive o tipo de lição que não será de seu agrado. Qualquer que seja o tipo de lição em questão, quer boa ou má, pode estar certo de que ela o fará sorrir, ainda que seja um riso amarelo e amargo. Pode estar certo igualmente de que o Coiote lhe ensinará uma boa lição a seu próprio respeito.

O Coiote possui muitos poderes de cura, mas nem sempre eles funcionam em seu próprio benefício, pois seu espírito trapaceiro às vezes acaba iludindo a si mesmo. Ninguém fica mais surpreso com o resultado de seus próprios truques do que o Coiote, que se torna então capaz de cair na armadilha que ele mesmo criou. Entretanto, de um jeito ou de outro, ele sempre sobrevive, muito embora seja incapaz de aprender com os próprios erros e logo esteja se encaminhando para um *erro ainda maior*. Ele pode perder uma batalha, mas nunca se considera derrotado.

O Coiote é um animal sagrado e, na insensatez de seus atos, vemos o reflexo de nossa própria insensatez. Ao caminhar de um desastre para outro, o Coiote vai aprimorando seus recursos de autossabotagem até chegar às raias da perfeição neste campo. Ninguém pode cegar os outros ou a si mesmo para a realidade com mais graça e facilidade do que este trapaceiro sagrado. Às vezes o Coiote se leva tão a sério que se torna incapaz de ver o óbvio: a locomotiva que está prestes a atropelá-lo. É por isso que ele não acredita quando o desastre ocorre, e nem mesmo depois... Ele é capaz de se perguntar – *Foi mesmo uma locomotiva que me atropelou?* Acho melhor dar mais uma olhada... – e lá vai ele de novo, rumo a um novo desastre!

A figura do Coiote simboliza o humor de todos os tempos, de todos os povos e de todas as eras. O grande humor cósmico não se aplica apenas a nós, mas a todos os demais seres humanos, caso eles pertençam ao totem do Coiote ou estejam sendo ludibriados por um membro deste totem. Uma pessoa do totem do Coiote será capaz de convencer a todos de que um Gambá tem odor de rosas. Porém, a verdade é que um Gambá cheira mal e continuará assim, apesar das afirmativas em contrário do Coiote.

Se você tirou a carta do Coiote, é sinal de que a época de descanso e despreocupação acabou. Preste atenção, pois seu castelo de areia pode ser destruído pelas ondas! Sua autoimagem pode ficar muito abalada. O divino trapaceiro está lhe preparando uma armadilha na qual você poderá cair, apesar de se achar esperto demais para ser enrolado pelos outros. O Coiote executa uma dança louca, incendeia o próprio rabo ao brincar com o fogo, atira-se num lago para não morrer queimado e com isso quase morre afogado. O Coiote é capaz de seduzir uma estátua de bronze, mas está sempre se metendo numa enrascada. Ele pensa que achou um osso, festeja ruidosamente, mas, quando vai verificar, descobre que se trata de uma serpente do deserto e que está fazendo papel de bobo diante de todos. Na verdade o Coiote é você, sou eu, somos todos nós, pulando de trapalhada em trapalhada, de bobeira em bobeira, de enrascada em enrascada em nossas vidas. O show ainda não acabou. Prepare-se para mais gargalhadas – muitas mais...

Tente penetrar imediatamente no âmago de suas experiências e indague a si mesmo por que razão está fazendo as coisas que tem feito. Você está sendo vítima da energia do Coiote e iludindo a si mesmo? Está tentando enganar um adversário? Alguém está tentando lhe passar a perna? Tem feito brincadeiras de mau gosto com seus amigos ou colegas de trabalho? Tem agido irracionalmente só pelo prazer de cometer desatinos e ridicularizar os outros? É capaz de prejudicar os outros só para se divertir?

Por outro lado, pode ser que você ainda não esteja totalmente consciente de que anda se iludindo, nem do papel que está fazendo. Você pode ter se incompatibilizado com sua família, seus amigos, seus colegas de trabalho ou com as pessoas de um modo geral e, ainda assim, continuar achando que sabe o que está fazendo. Mas veja bem, Coiote, a verdade é que você já caiu em sua própria armadilha. Você criou uma maquinação inebriante, desconcertante e perturbadora que acabou confundindo até você mesmo.

Retire os óculos de prestidigitador e veja a verdade emergir com clareza novamente por trás da cortina de autossabotagem que você estendeu diante de seu rosto. Tenha então senso de humor suficiente para rir de seus próprios erros, truques e desacertos. Ria, pois o riso tem um efeito regenerador.

Caso não seja capaz de rir de você mesmo e de seus desatinos, você perdeu o jogo. O Coiote sempre surge em nossas vidas quando as coisas estão sérias demais. A eficácia da cura do Coiote reside justamente no riso e na brincadeira, capazes de abrir caminho para novos pontos de vista.

Se você é membro do totem do Coiote, pode usar seus talentos histriônicos para fazer rir seus bons amigos estressados, animar uma reunião social ou para quebrar o gelo numa conversa, com a maior facilidade. Seja capaz de ver o lado positivo das sabotagens que você mesmo perpetrou contra si próprio, pois elas podem ter servido para descartar aspectos indesejáveis de sua vida. Divirta-se, contando a alguém pedante e mentiroso que você acaba de retomar de St. Tropez em seu jatinho particular! Saiba rir e, sobretudo, saiba rir de si mesmo!

CONTRÁRIA

Se a carta do Coiote apareceu na posição invertida, você pode estar certo de que ele vai lhe aprontar alguma. Faça um exame geral de sua vida para tentar descobrir de que lado ele surgirá. Se o Coiote estiver vindo de fora, tenha cuidado com este mestre ilusionista, pois o Coiote certamente tentará enganá-lo com sua lábia irresistível. Se você cair em suas garras, esta será certamente uma experiência muito dolorosa. Esteja atento! Precavenha-se!

O Coiote pode surgir em sua vida sob a forma de um amigo desinteressado; ou daquele tipo de conselheiro que aparentemente sabe de tudo; daquele sujeito que vai lhe ensinar o segredo infalível para fazer fortuna; do produtor de cinema que vai transformá-lo numa estrela; do investidor que vai financiar seu empreendimento; do pastor que tem a solução para todos os seus problemas e jura que vai garantir seu acesso ao paraíso; do político que deseja seu engajamento naquela campanha que vai transformar o país num mar de rosas; daquela amante que finalmente vai amá-lo da forma que você merece; ou de qualquer outra pessoa que esteja tentando conquistar sua adesão para uma causa ou um projeto no momento presente. Tenha cuidado, pois o Coiote não é o tipo recomendável de amante ou de parceiro nos negócios.

A carta do Coiote na posição contrária pode ser sinal do início de um período no qual tudo que você tocar pode explodir e todas as suas piadas de mau gosto podem provocar brigas nas quais o único perdedor será você mesmo. A carta do Coiote nesta posição é prenúncio de uma temporada difícil, na qual você precisa estar permanentemente atento às armadilhas alheias, ao mesmo tempo que deve redobrar os cuidados para que os bumerangues que atirou contra os outros não venham atingir você pelas costas. É tempo de tensão e de decepção. Tome cuidado, pois a adversidade pode vir de onde você menos espera. Lembre-se, as piadas do Coiote são sempre pesadas e de mau gosto!

Cachorro...

Você é sempre tão nobre,
Até o amargo final.
Sua lição é demonstrar
    A amizade
       Fiel e verdadeira.

14
Cachorro

―――――― FIDELIDADE ――――――

Todas as tribos do Sudoeste e da planície dos Estados Unidos possuíam Cachorros. Estes nobres animais frequentemente alertavam seus donos sobre a aproximação dos inimigos e dos perigos iminentes. Eles ajudavam os caçadores e eram uma preciosa fonte de calor nas longas noites de inverno. Como todas as matilhas possuem diversas linhagens, os Cachorros dos índios do passado eram meio selvagens. No entanto, esta metade selvagem de suas personalidades nunca foi motivo para que os cachorros traíssem a fidelidade inata que sentiam para com seus donos.

O Cachorro sempre foi considerado o servidor ideal do mundo animal ao longo de toda a história. Se uma pessoa pertence ao totem do Cachorro, ela certamente estará sempre servindo aos outros, ou à humanidade como um todo, de alguma forma. São típicos representantes do totem do Cachorro os filantropos, as enfermeiras, os defensores públicos, os soldados, os religiosos e todas as demais pessoas envolvidas em trabalhos de caridade.

O Cachorro era o guardião que protegia a tribo de um ataque surpresa. A figura arquetípica do Cachorro tanto engloba o amor carinhoso do *melhor amigo*, quanto a energia parcialmente selvagem do *protetor* que defende valentemente o seu território. Assim como Anubis, o cão-chacal protetor do antigo Egito, o Cachorro sempre foi um guardião ao longo dos tempos. O Cachorro tanto foi o guardião do inferno quanto dos segredos e dos tesouros secretos, ou de indefesos bebês – enquanto suas mães estavam cozinhando ou trabalhando nos campos. O Cachorro honra seus donos e mantém-se leal à confiança nele depositada.

Ao examinar a carta do Cachorro, você pode ser assaltado pelas ternas lembranças do tempo de infância, quando seu Cachorro de estimação era o companheiro inseparável. A mensagem que o Cachorro está tentando lhe transmitir é que você precisa desenvolver bastante seu senso de dever para com os demais. Os Cachorros são os *servidores* ideais, sendo inteiramente devotados a seus donos, numa medida que supera inclusive em muito a maneira pela qual são tratados.

Se o dono repreender asperamente, ou mesmo surrar seu Cachorro, ainda assim ele será capaz de dedicar amor a esta pessoa que o tratou mal. O Cachorro age assim não porque seja estúpido, e sim porque tem perfeita compreensão das limitações dos humanos e sente compaixão por eles. É como se um espírito tolerante tivesse se alojado no coração de cada Cachorro, fazendo de cada membro da família canina um ser que deseja apenas servir.

Todavia, também existem Cachorros que tiveram a fidelidade extirpada de seu interior à custa de pancadas. Estes Cachorros latem e rosnam ao menor sinal de desaprovação, mas não são estes os representantes verdadeiros de sua espécie. Algumas raças de Cachorros foram inclusive treinadas pelo homem para serem viciosas, agressivas e brutais, mas isto não corresponde em absoluto à natureza verdadeira do Cachorro, refletindo, ao contrário, o espírito agressivo e destrutivo de seus proprietários. Assim, essas raças possuem uma memória genética alterada que falseia a percepção do que seja servir, para corresponder aos instintos violentos de seus mestres e donos.

A magia do Cachorro pede que você reflita em que medida seu senso de fidelidade tem sido inspirado, no fundo, por seu desejo de aprovação. Se você tirou a carta do Cachorro, existem algumas perguntas que você deve se fazer, dependendo do motivo de sua consulta:

1. Será que eu tenho me esquecido de que os outros têm tanto direito quanto eu de manterem-se fiéis às suas próprias verdades?
2. Os boatos ou opiniões alheias sabotaram a amizade ou o respeito que eu sentia por amigos ou colegas de trabalho?
3. Será que eu menosprezei ou ignorei alguém que procurava ser um amigo fiel?
4. Eu tenho me mantido fiel às minhas crenças e aos meus objetivos de vida?

CONTRÁRIA

Na posição contrária, a carta do Cachorro pode estar tentando lhe dizer que você se tornou excessivamente crítico e maldoso, por causa de suas companhias inadequadas. Pode ser também que ela esteja tentando lhe dizer que é chegada a hora de deixar de se encolher de medo diante de seus adversários e enfrentá-los corajosamente. O que você precisa perceber na verdade é que não são estes inimigos externos, mas formas-pensamentos criadas em sua própria mente, que lhe enviam mensagens dizendo que você não é merecedor de respeito e lealdade seja dos demais, seja de si próprio. Por exemplo: você é do tipo que passa adiante as fofocas que escuta, ou do tipo que evita espalhar rumores desabonadores? Você é do tipo que faz piadas que diminuem ou humilham os outros? Você é do tipo de pessoa incapaz de retribuir o carinho recebido? Todas estas características são derivadas do medo, especificamente de uma forma de medo bastante comum entre os seres de Duas-Pernas, os humanos: o medo de serem rejeitados ou de não obterem a aprovação dos demais.

Recupere o poder de ser fiel a si mesmo e às suas verdades. Seja como o Cachorro – o melhor amigo de si mesmo!

Lobo...
>Professor,
>>Mestre,
>>>Desbravador de caminhos,
>>>>Cão lunar de minh'alma.

>Uivando,
>>Cantando,
>>>Ensinando a viver.

15
Lobo

O PROFESSOR

O Lobo é o desbravador, o precursor de novas ideias. É aquele que sempre retoma ao seu clã para ensinar e compartilhar os conhecimentos adquiridos. O Lobo tem apenas uma companheira durante toda a sua vida e possui o espírito fiel como o do Cachorro. Quando observamos de perto os Lobos, notamos de imediato que eles possuem um grande sentimento de família em relação aos demais membros da alcateia, sem que isto afete, no entanto, o forte individualismo característico da espécie. Este comportamento faz com que os Lobos se assemelhem muito a nós, os humanos, pois também conjugamos a capacidade de integrar uma sociedade sem que isto afete nossa individualidade ou impeça a existência de nossos sonhos e anseios pessoais.

Na Grande Nação das Estrelas, o Lobo é representado pela Estrela do Cachorro, Sirius, da qual, segundo as antigas tradições, vieram nossos mestres. Para os egípcios do tempo dos faraós, assim como para a tribo africana Dogan na época atual, Sirius é a morada dos Deuses. É uma coincidência impressionante o fato de que os índios norte-americanos também pensassem o mesmo e tenham adotado as pessoas do totem do Lobo como professores.

O Lobo tem os sentidos muito aguçados e tem na lua a sua aliada de poder. A lua simboliza a energia psíquica, e também o inconsciente que guarda os segredos da sabedoria e do conhecimento. Ao uivar para a lua, o Lobo manifesta seu desejo de entrar em contato com as novas ideias que se ocultam sob a superfície da mente consciente. A magia do Lobo fortalece e estimula o professor que existe dentro de cada um de nós. O totem do Lobo nos estimula a ensinar as crianças da Terra a viver em harmonia e a compreender o Grande Mistério e o sentido da vida.

Se você tirou a carta do Lobo, isto é sinal de que está apto a partilhar sua energia de cura pessoal com os demais. Pode ser também que o seu lado intuitivo já tenha uma resposta para solucionar algum impasse que esteja ocorrendo em sua vida neste momento. À medida que você sentir o Lobo crescendo em seu interior, poderá sentir-se compelido a escrever ou a fazer conferências sobre temas que possam ajudar os outros a compreender o caráter único de suas próprias personalidades, ajudando-os a encontrar seus caminhos na vida. Isto é muito importante, pois é pela difusão das grandes verdades que a consciência da humanidade será, enfim, transformada e atingirá novos níveis.

Pode ser também que o Lobo o esteja aconselhando a procurar um local calmo e isolado no qual possa entrar em contato com o professor que reside em seu íntimo. Na solidão de um Lugar de Poder, longe dos outros seres humanos, você poderá encontrar seu verdadeiro *eu*. Caso você não possa se isolar no momento presente, procure pelos ensinamentos sagrados onde quer que você esteja. Mas lembre-se: o Lobo, o maior mestre da tribo, só poderá vir ensiná-lo se você solicitar sua orientação. É o momento de se abrir para as lições de um verdadeiro mestre.

CONTRÁRIA

Se você tirou a carta do Lobo na posição invertida, isto significa que deve encarar seus problemas atuais com a mente mais aberta e flexível. Para ser capaz de fazê-lo, você deverá demonstrar muita coragem e a disposição de aceitar novas ideias e novas concepções de vida. É preciso lembrar que, para ser capaz de assimilar os novos conceitos que surgem quando nos dispomos sinceramente a aprender, temos que nos desfazer do lixo das ideias ultrapassadas que entulham nossa mente. Lembre-se de que a bênção da sabedoria só virá até você depois que você tiver palmilhado todas as trilhas da floresta, examinando e reexaminando minuciosamente cada centímetro dela, até que descubra finalmente que nada, em tempo algum, permanece imutável.

A carta do Lobo na posição contrária também pode estar querendo lhe dizer que a estagnação ou o medo de modificar seus pontos de vista interromperam o fluxo transformador em sua vida. O Lobo na posição invertida é *sempre* indicador da necessidade de buscar novos mestres, inovadores e desbravadores, que sejam capazes de conduzi-lo rumo a novas experiências de vida. Mas atenção: este professor, ou desbravador, não precisa necessariamente ser uma pessoa de carne e osso, podendo ser também aquela voz quase inaudível que sussurra em seu íntimo, ou ainda uma pessoa, uma árvore, uma folha, uma nuvem, um livro, e assim por diante. O Grande Espírito se manifesta – e chega até nós – das mais diversas formas.

Viver é crescer, e crescer implica aceitar que todas as formas de vida podem ser nossos mestres. Torne-se um Lobo e adquira o espírito de aventura! Talvez assim você possa parar de uivar para a lua e consiga *tornar-se* a própria lua!

Corvo...
   Negro como piche
      Místico como a Lua.

   Fale-me de magia
      E eu voarei com você
         Muito em breve.

16
Corvo
———— MAGIA ————

O Corvo sempre foi o portador da magia. Este seu papel foi reconhecido pelas mais diversas culturas, ao longo dos tempos, em todo o planeta. É considerado sagrado honrar o Corvo como sendo o portador da magia. Se esta magia for ruim, ela inspirará muito mais medo do que respeito. Aqueles que trabalham com a magia de forma errada têm razões para temer o Corvo, pois isto é sinal de que estão se imiscuindo em áreas que não dominam, e os feitiços que estão fazendo certamente acabarão retomando contra eles. Em vez de deplorar o lado negro da magia, conscientize-se de que você só irá temer o Corvo quando necessitar aprender algo sobre os seus temores secretos ou sobre os demônios criados por sua própria imaginação.

A magia do Corvo é poderosa e pode lhe infundir a coragem necessária para penetrar nas trevas do Vazio no qual residem todos os seres que ainda não têm forma definida. O Vazio é denominado "Grande Mistério". O Grande Mistério já existia antes que todas as outras coisas viessem a existir. O Grande Espírito é oriundo do Grande Mistério e vive no Vazio. O Corvo é o mensageiro do Vazio.

Se a carta do Corvo apareceu em seu jogo, isto é prenúncio de que você está às vésperas de experimentar uma mudança de consciência, que pode significar inclusive uma viagem pelo Grande Mistério ou por alguma senda situada à margem do tempo. A cor do Corvo é a cor do Vazio – o buraco negro no espaço sideral que congrega todas as energias criadoras. Esta carta traz a seguinte mensagem do Corvo: *Você conquistou por seus próprios méritos o direito de vislumbrar um pouco mais da magia da vida.*

Na cultura dos índios norte-americanos, a cor preta tem diversos significados, mas não simboliza o mal, como na cultura do homem branco. O preto pode expressar, por exemplo, a busca de respostas, o Vazio, ou o caminho para as dimensões suprafísicas. A cor negro--azulada do Corvo possui uma luminosidade que simboliza a magia da escuridão e uma mutabilidade de forma que simboliza os nossos processos de transformação.

O Corvo é o guardião da magia cerimonial, e um curador que opera à distância, e que está sempre presente em qualquer Roda de Cura. O Corvo guia a magia curativa para promover uma mudança de consciência capaz de manifestar uma nova realidade na qual não há mais lugar para a doença e a ignorância. O Corvo nos traz diretamente do Vazio do Grande Mistério um novo estado de bem-aventurança e plenitude, proveniente do campo da fartura.

O Corvo é o mensageiro que conduz o fluxo de energia de uma cerimônia mágica, guiando-a até o seu objetivo final. Por exemplo, se uma cerimônia está sendo realizada para levar consolo e ajuda aos habitantes de uma região assolada por uma catástrofe natural, a tarefa do Corvo será precisamente a de ser o portador deste fluxo de energia. Seu papel é o de interligar as mentes dos praticantes do ritual com as mentes daqueles que estão necessitando daquele trabalho.

Se você tirou a carta do Corvo, isto é sinal de que há magia no ar ao seu redor. Não tente, porém, decifrá-la ou interpretá-la de modo racional, pois você não será capaz, visto que esta é a magia do desconhecido em ação, preparando a chegada de algum acontecimento muito especial. O maior mistério, no entanto, será a sua própria reação ante a maravilhosa sincronia proporcionada por esse momento de pura alquimia. Você será capaz de reconhecer este momento e aproveitar esta oportunidade para seu desenvolvimento espiritual? Será capaz de aceitar esta dádiva do Grande Espírito? Ou você deixará passar esta oportunidade, tentando explicar o poder do Grande Mistério de modo racional e intelectual?

Talvez seja tempo de chamar o Corvo como um mensageiro para transportar energias curativas, mensagens, ou, ainda, simples pensamentos. O Corvo é o protetor dos sinais de fumaça e das mensagens espirituais representadas pela fumaça. Portanto, se você deseja entrar em contato com os Anciões ou enviar uma mensagem para a Estrada Azul do Espírito, peça auxílio ao Corvo. Ou, quem sabe, os Anciões estão chamando por você.

Lembre-se de que este momento mágico surgiu do vazio da escuridão. O seu desafio, a partir de agora, é iluminá-lo. Ao manifestar a magia luminosa deste momento você estará honrando plenamente o mágico que existe dentro de você!

CONTRÁRIA

A carta do Corvo na posição invertida deve ser encarada com cautela, pois pode ser sinal de que o bumerangue que você atirou contra alguém está voltando para atingi-lo. Se você tentou prejudicar alguém, cuidado, pois você também será prejudicado na mesma medida, para que sinta na própria carne as consequências de seus atos.

Contudo, se você de fato não desejou mal a ninguém, a carta do Corvo na posição invertida pode significar que você ainda não assimilou por completo as lições de seu atual nível de consciência, não estando, portanto, preparado para ascender a um patamar superior. Pode ser também que o Corvo o esteja advertindo de que você se esqueceu do lado mágico da vida, desperdiçando toda a sua energia unicamente com os aspectos materiais da sua existência. Se este é o caso, e você não tem vivenciado toda a extraordinária magia que pode iluminar sua vida, peça ao Corvo para voar em seus sonhos e lhe dar uma amostra de sua magia. Talvez você nunca mais seja o mesmo depois disso!

O Corvo na posição invertida pode prognosticar também um período tempestuoso, no qual todas as mensagens lhe parecerão confusas porque seu intelecto teimará em afirmar que a magia ao seu redor não é real. Se você não tiver capacidade criadora ou poder de imaginação em virtude de sua falta de fé na magia e nos milagres, a cura e a transformação não poderão ocorrer. O Corvo pode estar batendo às portas de sua consciência, mas você só será capaz de perceber sua presença quando dissipar a cortina de fumaça que encobre sua mente e partir em busca do reino da imaginação e dos níveis superiores de consciência, nos quais reside a magia.

Para neutralizar a influência anunciada pela carta do Corvo na posição invertida, você pode ser obrigado a recorrer ao auxílio de um curador ou de xamã, capaz de purificar o campo negativo de energia que você mesmo criou. Talvez você esteja precisando anular o mal que tentou fazer a outras pessoas, ou então esteja precisando bloquear as energias negativas que alguém enviou para você. Comece, pois, a clarear e a iluminar o seu caminho! Esta é a mensagem que chega sempre que a magia nos conduz a regiões de sombras enfumaçadas. Como agir, então?

Primeiro, procure curar e clarear a sua mente. Depois, trate de rumar em direção às estrelas, louvando a Mãe Terra e todos os demais seres vivos.

Sinta-se preenchido pela magia da vida, e invoque o Corvo para lhe ensinar a maneira adequada de usar a energia vital que lhe foi concedida. Faça isto sempre com muito amor e com toda a simplicidade possível. Mas atenção! Lembre-se da advertência do Corvo: nunca vá além do ponto para o qual você foi especialmente treinado ou foi divinamente predestinado. A vida é boa. Por isto, você deve usar os seus poderes para ajudar a todos os seus irmãos do planeta Terra. A Terra é uma grande família, que está lhe pedindo para você começar a manifestar nela a sua própria luz!

Puma...
    Rei e líder
        De formas felinas e suaves

Toque o meu coração
    Com a sua coragem
        E só depois
            Faça soar o alerta.

Que eu possa liderar com sabedoria,
Brilho, verdade e justiça.
Que eu possa imitar o espírito
Da força que vejo em você.

17
Puma

—— LIDERANÇA ——

Pertencer ao totem de poder do Puma pode ser um problema para você, pois isto o coloca numa posição na qual você se vê obrigado a assumir os problemas alheios. Você pode se tornar a desculpa perfeita para a insegurança dos outros, sendo obrigado a resolver os problemas que eles não são capazes de resolver e, ainda assim, sendo criticado quando as coisas não andam bem.

A energia do Puma lhe ensina a usar bem a sua capacidade de liderança, sobretudo no que concerne à habilidade de liderar sem obrigar os outros a que aceitem sua liderança. Isto só é possível quando a pessoa compreende que todos os seres humanos são líderes em potencial. A energia do Puma também lida com os abusos do poder e a incapacidade de liderar com correção e justiça. Ela nos ensina a respeitar a capacidade de liderança que existe em cada indivíduo.

Ao observar os movimentos graciosos do Puma, você aprenderá a equilibrar suas metas, seus poderes, sua força e sua elegância. Isto corresponde, na dimensão humana, ao perfeito equilíbrio entre o corpo, a mente e o espírito. Este felino gigante jamais desperdiça nada. Ele mata somente aquilo de que necessita para a sua sobrevivência. É a fêmea quem caça para alimentar a família, com uma boa vontade toda maternal.

Se você tirou a carta do Puma, isto significa que você precisa rever suas crenças e reavaliar seus objetivos. Se o Puma apareceu em seus sonhos, isto é prenúncio de que é chegada a hora de seguir suas próprias convicções e deixar-se levar para onde o coração o conduz. Pode ser que outros o sigam e então as lições serão ainda mais produtivas. Talvez você precise descobrir que seus planos podem incluir uma ninhada de filhotes que desejam partilhar seus sonhos e ser iguais a você. Caso você já seja um líder, isto pode ser sinal de que já é tempo de enxotar os filhotes da caverna e liberá-los de sua influência. Se você pertencer ao totem do Puma, será considerado o *rei da montanha,* mas, em contrapartida, não poderá expor ao mundo o seu lado mais sensível, nem poderá demonstrar fraqueza ou vulnerabilidade. As armadilhas do caminho são muitas, mas os prêmios são recompensadores.

Ao assumir o lugar de poder reservado ao Puma, você deverá se esforçar constantemente para manter a paz. No entanto, você só conseguirá contentar a todos se mentir de vez em quando para si mesmo ou para os outros. Assim é a natureza humana. Portanto, o papel do líder não é o de contentar a todos, mas o de trazer a verdade à luz. Conheça a verdade, viva a verdade, seja a verdade, e todos desejarão segui-lo e ser como você. A força da sua verdade se infiltrará em todos os membros do totem, até alcançar o mais novo dos filhotes recém-nascidos.

A *responsabilidade* nada mais é do que a *capacidade de responder*. É a capacidade de fazer face a qualquer situação, prevista ou imprevista. A hesitação e o pânico não têm espaço na magia sagrada do Puma.

CONTRÁRIA

Se você tirou a carta do Puma na posição invertida, isto é sinal de que você está *brincando com fogo*. Um líder que tenta liderar por meio da tirania esqueceu-se da importância da verdade. Talvez você esteja se iludindo, acreditando que somente suas ideias são válidas e tudo o mais é sem importância. Cuidado! Foi por isso que o Império Romano acabou! Se isto não se aplica ao seu caso, verifique as outras mensagens que a carta do Puma na posição invertida traz para você.

Talvez você esteja se recusando a assumir sua posição de liderança por medo das responsabilidades que terá a sua frente. Isto é normal em quem nunca exerceu uma posição de poder antes, mas é preciso que você invoque a coragem do Puma e aprenda a ter um coração indômito, um verdadeiro *coração de leão*.

Outra mensagem que o Puma na posição invertida pode estar lhe dando é que você pode estar sendo desencaminhado por um líder que está abusando do poder. Se você deseja se tornar líder um dia, comece agora mesmo a questionar aqueles a quem você outorgou autoridade, caso julgue que eles estão desmerecendo sua confiança. Verifique se eles realmente possuem a energia da verdade do Puma e, se este for o caso, aprenda a ser, você também, um líder, seguindo estes bons exemplos.

Tome-se um Puma, recusando-se a se esconder nas cavernas de sua timidez ou de suas incertezas. Ruja com convicção, ruja com coragem, e lembre-se sempre de rir enquanto ruge. Aprenda a equilibrar a energia de liderança do Puma com algumas boas doses de graça e de bom humor!

Lince...
Você conhece
Os profundos segredos
Da magia e dos sonhos
Mas não os revela
A ninguém!

Que eu possa aprender,
Assim como a Esfinge,
A controlar as palavras

Que eu possa aprender,
Assim como o Lince,
A manter o silêncio!

18
Lince

─────── SEGREDOS ───────

Segundo a tradição, quem deseja desvendar um segredo deve conectar-se à energia do Lince. Entretanto, é muito difícil conseguir que o silencioso Lince comece a falar. Se você acaba de se conectar à poderosa energia de cura do Lince, significa que existe algo que você deveria estar sabendo e ainda não sabe. Significa que você precisa saber algo de importante a respeito de si mesmo ou de alguma pessoa de seu círculo de relações.

O Lince possui a capacidade de mover-se através do tempo e do espaço. Ele consegue mergulhar no Grande Silêncio e trazer qualquer mistério à tona, tornando-se, assim, o detentor dos segredos dos sistemas mágicos esquecidos e dos conhecimentos ocultos. O Lince não é o *guardião* destes segredos, e sim o *detentor* destes segredos, o que é bem diferente. O problema é fazer com que o Lince nos revele estes mistérios. Ele prefere sair caçando pássaros ou se divertir jogando areia na sua cara. Depois, se guarda em seu silêncio, encobrindo os mistérios...

A energia do Lince é coligada a um tipo muito especial de clarividência. As pessoas do totem do Lince conseguem vislumbrar imagens mentais sobre os segredos de outras pessoas e são capazes de descobrir tudo o que elas escondem das demais e até mesmo de si próprias. Elas detectam facilmente os medos, as mentiras e as autoilusões presentes nas mentes alheias. Elas descobrem se alguém tem um tesouro escondido, quando existe algum. São as pessoas que *sabem*, mas guardam os segredos, jamais revelando-os aos outros.

Se você se esqueceu de onde escondeu seus próprios tesouros, poderá obter esta informação de uma pessoa do totem do Lince, mas a única maneira de persuadi-la a revelar esta informação é respeitando escrupulosamente as práticas e os rituais da tradição desta pessoa. Assim, se você consultar uma cigana do totem do Lince, deve demonstrar respeito às suas tradições pagando-a em dinheiro após a consulta. Se você consultar um xamã da tribo Choctaw ele irá usar algumas técnicas tradicionais para ajudá-lo, como, por exemplo, tocar em seu plexo solar. Depois da consulta, você deve oferecer-lhe um cobertor ou uma certa quantidade de tabaco. Esta é a lei das pessoas do totem do Lince, tal como é praticada – entre outras culturas – pelos índios norte-americanos, pelos ciganos, pelos egípcios e pelos sufis.

Se você tirou a carta do Lince, isto significa que segredos virão à tona. Se você pertence ao totem do Lince e possui seus poderes, preste bastante atenção às revelações que receberá, seja sob a forma de imagens mentais, seja uma voz claramente audível em seu ouvido interior, seja sob a forma de presságios. Esteja certo de uma coisa, no entanto: a Mãe Terra está se comunicando com você de alguma forma.

Se o Lince bateu à sua porta, deixe-o entrar. O Irmão ou a Irmã Lince poderão ensiná-lo a desenvolver seus poderes pessoais e a lembrar-se de coisas que você já esqueceu a respeito de si mesmo. Pode ser que ele o faça descobrir tesouros perdidos ou o coloque em contato com fraternidades há muito esquecidas.

Alguns xamãs acreditam que a grande esfinge do antigo Egito não seja um Leão e sim um Lince. Este Lince não fala muito. Com seu sorriso enigmático, este grande felino vigia silenciosamente as areias da eternidade.

CONTRÁRIA
Se a carta do Lince saiu na posição invertida, isto é sinal de que você anda muito tagarela e precisa fechar sua boca, pois alguma fofoca ou declaração indevida que você fez deixou este felino com os pelos eriçados. Verifique se você não quebrou uma promessa solene ou se não traiu algum amigo. Se não fez nenhuma destas duas coisas, você pode ter traído a si mesmo com seu falatório, ao revelar seus projetos secretos para um concorrente ou ao cometer indiscrições sobre sua última conquista amorosa. Passe a analisar criticamente o que diz, e veja se não está prejudicando os outros.

Faça um exame de consciência e tente ouvir mais do que falar, interessando-se genuinamente pelas histórias alheias. O Lince está tentando lhe dizer que você deve se esforçar por reconquistar a confiança daqueles que o cercam. Só assim o Lince poderá voltar a lhe confiar os seus segredos.

Lembre-se de que o *silêncio vale ouro,* como diz o velho ditado, e pense bastante antes de expor suas ideias, em vez de ficar tagarelando incessantemente como se detivesse as respostas para todas as questões. Se você deseja falar, aprenda primeiro a ouvir, pois a verborragia não deixa espaço para a escuta e o aprendizado. O Lince é um professor severo e, se ele apareceu em seu jogo, é melhor você obedecer às suas instruções, caso contrário você deverá arcar com as consequências de sua insensatez. Acabe com esta mania de saber tudo melhor!

Torne-se um Lince e adote o sorriso enigmático da Mona Lisa. Somente você saberá do que você está sorrindo... Não é preciso que *o gato coma sua língua* e você se torne inteiramente mudo. Só é preciso que você fique mais atento às suas próprias palavras e tenha domínio dos pensamentos que elas exprimem.

Búfalo...
   Você nos permite reconquistar
      Os dons da vida.

Ouça nossas preces,
Que se elevam da fumaça
Assim como a Fênix.
Nós podemos renascer
Através das Palavras Sagradas.

19
Búfalo
— ORAÇÃO E ABUNDÂNCIA —

Segundo a tradição dos índios Lakota, foi um filhote fêmea do Búfalo Branco que trouxe o cachimbo sagrado para seu povo e o ensinou a rezar. O fornilho do cachimbo era o receptáculo para o tabaco – uma erva que contém tanto a energia feminina quanto a masculina. A haste do cachimbo representava o macho penetrando na fêmea para nela depositar a semente da vida. Era nesta fusão entre os princípios masculino e feminino que se realizava a conexão com a energia divina do Grande Espírito. Enquanto o fornilho do cachimbo recebia o tabaco, todas as famílias da natureza eram invocadas para que penetrassem no cachimbo e partilhassem seus poderes à medida que as preces e os cânticos de louvor se alçassem aos céus. A fumaça era considerada uma prece visual, muito sagrada e purificadora.

    Todos os animais são sagrados, mas em muitas tradições o Búfalo Branco é o mais sagrado, pois sua aparência é sinal de que as preces foram respondidas, de que o cachimbo sagrado foi louvado e todas as promessas e profecias foram cumpridas. É por tudo isso que o Búfalo Branco prenuncia um tempo de plenitude e abundância para todos.

    O Búfalo era a maior fonte de subsistência para os índios das planícies norte-americanas. Ele fornecia carne para a alimentação, pele para roupas e agasalhos para os longos invernos, ossos para a confecção de diversos instrumentos, além dos cascos, a partir dos quais se produzia uma substância adesiva usada como cola. A cura do Búfalo é realizada por prece, louvor e gratidão pelos inúmeros dons que nos foram concedidos. A energia do Búfalo também nos ensina que a abundância sempre estará presente desde que todas as relações sejam honradas como sagradas e desde que saibamos expressar nossa verdadeira gratidão pela existência de cada ser vivo da criação.

O Búfalo era uma presa fácil para os caçadores, pois nem sempre fugia de seus perseguidores. Ele estava sempre predisposto a compartilhar todas as dádivas contidas em seu corpo aqui na Terra, antes de partir para os Campos Sagrados do Espírito.

Usar a magia do Búfalo significa fumar o cachimbo sagrado com fé, para agradecer por todas as riquezas que nos foram concedidas pela vida e partilhá-las com nossos irmãos de todas as raças e de todas as nações, assim como com todas as demais criaturas e as diferentes formas de vida existentes na Terra. Significa também fumar o cachimbo sagrado para ajudar aos outros, pedindo para que seus desejos sejam atendidos, rezar para que a harmonia reine em toda a parte e saber aceitar o Grande Mistério como parte integrante desta harmonia.

Se você tirou a carta do Búfalo, isto pode ser sinal de que você precisa rezar mais, abrir mais momentos de meditação em sua vida. Pode ser também sinal de que você foi escolhido para ser o agente que trará a resposta para as preces de alguma outra pessoa. Isto poderá significar o início de um período no qual você aprenderá a reconhecer de fato que todos os caminhos e escolhas existentes na vida são sagrados, mesmo que sejam muito diferentes de suas próprias convicções. Uma parte importante da mensagem trazida pelo Búfalo é aprender a louvar e honrar o caminho dos outros, mesmo que isto possa ser difícil para você. Entretanto, este período certamente lhe trará muita serenidade e paz de espírito, mesmo em meio ao caos, caso você seja capaz de reconhecer e agradecer sinceramente por tudo aquilo que já possui e saiba orar solicitando a orientação e a iluminação divinas.

A carta do Búfalo está assinalando que você não conseguirá nada sem a ajuda do Grande Espírito. Você deve saber cultivar a humildade ao pedir sua ajuda, e também cultivar o sentido de gratidão, propondo-se a agradecer por tudo aquilo que for recebido.

CONTRÁRIA

Tirar a carta do Búfalo na posição invertida é sinal de que você se esqueceu de pedir ajuda quando precisou. Se você mantiver os punhos sempre cerrados, não poderá receber os dons de abundância que a vida tem para lhe oferecer. Se fizer a si mesmo as seguintes indagações, você será capaz de entender melhor a mensagem da carta do Búfalo na posição contrária:

1. Você se esqueceu de seu eterno parceiro, o Grande Espírito?
2. Você está se dedicando excessivamente às atividades e realizações no plano mundano e esquecendo-se da importância de buscar também a comunhão com a Fonte de toda a vida?
3. Você se esqueceu de reconhecer o valor dos caminhos e dos estilos de vida alheios, não lhes conferindo a mesma importância que gostaria que os outros concedessem às suas próprias escolhas?
4. Você pode afirmar que tem vivido sempre sua vida em consonância com os mais altos propósitos espirituais?
5. Você deixou de ser grato por sua vida, sua saúde, seus familiares, seus amigos, seus dons e suas posses?
6. Você se reconciliou com seus inimigos e consigo mesmo, estando em perfeito equilíbrio afetivo e emocional?

Torne-se um Búfalo. Sinta a fumaça das preces elevando-se aos céus em louvor, e entre em sua pele branca de Búfalo para que você também possa se tornar uma resposta para as preces de nosso planeta e de toda a humanidade!

Rato...
Se eu pudesse ver o mundo
Através de seus pequeninos olhos
Talvez eu pudesse aprender
A examinar minuciosamente.

Cada detalhe tem um peso específico
Uma verdade particular
E um lugar exato no quebra-cabeças
Para dissipar os *três círculos da ilusão*!

20
Rato

────── MINÚCIA ──────

Diz o Rato: "A tudo tocarei com meus bigodes, para tudo conhecer." Paradoxalmente, isto é sinal tanto de uma grande força quanto de uma grande fraqueza. É bom ver as coisas de perto e prestar atenção aos detalhes, mas é nefasto ruminar em excesso até reduzir tudo a pedaços.

O Rato tem muitos inimigos predadores, entre os quais os gatos, as cobras e os pássaros. Como pode servir de alimento para tantos outros animais, o Rato tem um senso muito aguçado do perigo e um grande senso de autopreservação. O que chamamos de civilização é uma estrutura incrivelmente complexa que exige um nível de organização cada vez mais sofisticado e muita atenção aos detalhes, para poder acompanhar todas as novidades que surgem a cada ano. O Rato é um remédio poderoso nestes tempos modernos. Coisas que parecem insignificantes para outros têm enorme importância para o Rato.

Às pessoas do totem do Rato costumam ser alvo da irritação de membros de outros totens, porque estes acham que aqueles costumam se perder em detalhes sem importância. As pessoas do totem do Rato são do tipo que reparam num fiapo de tecido ou num fio de cabelo caído sobre seu paletó. São também do tipo que tenta convencer os outros de que a mais simples das tarefas que lhes foi atribuída constitui na verdade um empreendimento assustadoramente complexo e difícil. Elas são obcecadas por metodologia e costumam classificar a tudo e a todos, acumulando ciosamente estas observações para um eventual uso futuro.

Os Anciões nos advertem que, sem as pessoas do totem do Rato, não haveria sistematização do conhecimento. Foi o Rato quem extinguiu o homem renascentista e inaugurou a era da especialização. O Rato sempre soube que "há muito mais para aprender", e que é sempre possível cavar mais fundo.

Se você pertence ao totem do Rato, é possível que a vida o amedronte, mas certamente você será uma pessoa muito organizada, com um compartimento para cada coisa. O que você precisa é tentar vislumbrar uma realidade maior do que aquela situada diante do seu nariz. Amplie seu espírito e conscientize-se da Grande Dança da Vida. Perceba que mesmo que você esteja neste momento na cidade de Los Angeles, Nova York também existe, assim como também existem a Lua, o sistema solar, as galáxias e o Universo infinito. Pule alto, amiguinho, e você conseguirá vislumbrar a Montanha Sagrada.

Se a carta do Rato apareceu em seu jogo, isto significa que você precisa escrutinar cada detalhe dos outros e de si mesmo. Preste atenção, pois talvez aquele apetitoso pedaço de queijo que o está atraindo irresistivelmente pode esconder o mecanismo de uma ratoeira que irá esmagá-lo quando você tentar abocanhá-lo, ou talvez o Gato esteja emboscado, esperando para agarrá-lo. Isto pode ser sinal de que alguém a quem você delegou algum tipo de autoridade, como um médico, um advogado, ou até mesmo um simples bombeiro hidráulico, não está correspondendo às suas expectativas e poderá trair sua confiança. A mensagem é clara: veja aquilo que está ocorrendo diante de seus olhos e tome as medidas necessárias para corrigir o que for preciso a tempo.

CONTRÁRIA

A carta do Rato na posição invertida pode estar advertindo de que você está perdendo muito tempo com projetos grandiosos ou pouco exequíveis e negligenciando as pequenas providências necessárias para o bom andamento da vida cotidiana, como pagar suas contas em dia ou manter sua casa em perfeita ordem. Pode ser sinal também de que você se tornou uma pessoa desmazelada, e desdenhosa de toda e qualquer forma de autoridade e poder. Ou pode ser indicativo de que você está negligenciando assistência a alguma pessoa próxima que necessita de sua ajuda. Empregue imediatamente a magia do Rato em sua vida, e em pouco tempo o caos em que ela se transformou desaparecerá, dando lugar à ordem e ao capricho.

Outra mensagem que a carta do Rato na posição invertida pode estar enviando é a de que você pode estar exagerando sua própria importância no esquema geral da existência. Para que perder tempo conjeturando por que você não foi indicado para receber um Oscar ou um prêmio Nobel? É melhor você admitir que não tem demonstrado humildade e tem administrado muito mal sua vida. Lembre-se de que as boas coisas vêm naturalmente para aqueles que se mostram dispostos a colaborar com a realização do plano divino aqui na Terra. Faça um exame de consciência e verifique se você não está conferindo demasiada importância a um fragmento da paisagem e demonstrando-se assim incapaz de visualizar todo o panorama. Tente realizar seus progressos passo a passo, pois o sucesso prematuro pode ser desastroso, e suas consequências esmagadoras para seu futuro. O Rato pode se desincumbir de qualquer tarefa usando seu proverbial discernimento, mas, para tanto, ele precisa agir com cautela e empregar a sua própria magia. Pare de girar em círculos, tentando abocanhar seu próprio rabo, não se deixe confundir pela confusão reinante e observe cuidadosamente os detalhes do caminho que você está trilhando agora.

Coruja...
    Magia
            Preságios
                    Espaço e tempo.

A verdade emergirá
    Da luta silenciosa
    Dissipando a ilusão?

Pássaro da Cura Sagrada.

21
Coruja
──────── DECEPÇÃO ────────

A energia da Coruja é simbolicamente associada a clarividência, projeção astral e magia, tanto em sua vertente branca quanto na negra. Na tradição indígena norte-americana, a Coruja é chamada de Águia da Noite por diversas tribos. Segundo a tradição, a Coruja mora no Leste – o lugar da iluminação. Desde os tempos imemoriais a humanidade tem temido a noite e a escuridão, aguardando ansiosamente pelo advento das primeiras luzes da madrugada. Inversamente, a noite é amiga da Coruja.

A Coruja caça suas presas à noite, porque ela pode enxergar perfeitamente no escuro, assim como é capaz de discernir e identificar com precisão qualquer som ouvido em suas expedições noturnas, o que faz dela uma grande caçadora. Alguns nativos temem a Coruja e chamam suas penas de "penas da ilusão". As plumas da Coruja são silenciosas, de modo que é impossível escutar o voo da Coruja, mas a presa percebe imediatamente quando a Coruja a captura, porque tanto seu bico quanto suas garras são afiadíssimos.

Às vezes a energia da Coruja é utilizada por bruxos e feiticeiras. Se você pertence ao totem da Coruja, é bem possível que seja atraído pelas ciências ocultas e finde por se dedicar às práticas de magia negra. Mas é muito importante que você não ceda ao ímpeto de praticar magia negra ou qualquer tipo de procedimento mágico destinado a tirar energia de qualquer pessoa ou ser. Se pertencer ao totem da Coruja, essas aves tenderão a se acercar de você, mesmo em plena luz do dia, pois elas reconhecerão intuitivamente algum tipo de conexão com você.

Não é por acaso que a Coruja é tida como um símbolo de sabedoria em diversas culturas, pois ela pode ver o que os outros não conseguem: a essência da verdadeira sabedoria. Onde outros se iludem, a Coruja percebe com precisão o que realmente ali se encontra.

Atenas, a deusa grega da sabedoria, possuía uma Coruja de estimação que permanecia sempre em seu ombro e lhe revelava as verdades invisíveis. Essa Coruja tinha o poder de iluminar o lado obscuro da deusa, capacitando-a a perceber toda a verdade e não apenas aquela parcela da verdade que podia discernir sem seu auxílio.

Se você pertence ao totem da Coruja, ninguém será capaz de iludi-lo, por mais que tente disfarçar ou ocultar suas verdadeiras intenções de você. Tê-lo por perto pode até mesmo gerar um sentimento inquietante, já que você consegue discernir claramente quais são as verdadeiras intenções das pessoas. Se você não tem consciência de seus poderes, pode achá-los naturais, mas os outros não, pois se assustam ao perceber que você não pode ser enganado. Alguém do totem da Coruja sabe mais sobre a vida interior de outra pessoa do que sobre a sua própria.

Se você tirou a carta da Coruja, isto é sinal de que você está sendo convidado a empregar seus poderes de observação silenciosa para destrinchar alguma situação intrincada de vida. A Coruja o está ajudando a perceber a verdade em sua inteireza. Ela pode fazer isso por meio dos sonhos ou de práticas de meditação. Preste atenção a todo e qualquer presságio ou sinal, pois a verdade sempre acaba vertendo luz sobre as coisas.

CONTRÁRIA

Se você tirou a carta da Coruja na posição invertida, isto significa que você foi muito iludido por alguém, ou, quiçá, por você mesmo. Talvez alguém esteja usando feitiçaria ou magia negra contra você, ou é possível que você tenha apelado para a magia negra quando deveria ter orado e solicitado a orientação do Grande Espírito. A mensagem aqui é acolher o seu lado escuro. Observe em profundidade e em breve a luz da madrugada irá iluminá-lo. Pergunte-se então por que você ainda permanece na ignorância. Algo ou alguém o estará iludindo? Não estará mentindo para você mesmo? Será que está muito iludido, ou pouco iludido? A Coruja recomenda que você se mantenha sempre alerta em relação a seus entes queridos e suas propriedades. Lembre-se de que a Coruja sempre indaga: Quem? [*Who?*]

Castor...
 Ensine-me a concretizar meus sonhos
  Neles incluindo os outros.

Uma só mente
 Um só pensamento
  Corações batendo em uníssono
   Lições aprendidas com você.

22

Castor

──── O CONSTRUTOR ────

O Castor é o construtor do mundo animal. A energia do Castor tem afinidade com a da água e da terra, incorporando ainda um forte sentimento de família e de vida caseira. Se você observar suas represas, capazes de bloquear fortes torrentes de água, verá que existem diversas entradas e saídas. Quando constrói sua casa, o Castor sempre se preocupa em preparar diversos pontos de escape. Esta prática é uma lição para cada um de nós, para que não nos deixemos encurralar, pois se não nos concedermos algumas alternativas, estaremos represando o fluxo de experiências em nossas vidas. Um produtor é caracterizado por sua operosidade, e o Castor sabe que a limitação impede a produtividade.

O Castor tem dentes muito afiados, sendo capaz de derrubar grandes árvores. Imagine, portanto, o estrago que seus dentes são capazes de fazer no lombo dos inimigos... Na parte traseira, ele tem uma cauda semelhante a um remo, que o ajuda a nadar e também funciona como defesa. Apesar de pequeno, este simpático mamífero está muito bem equipado para proteger suas criações.

Para ser capaz de compreender o Castor, você deve reconhecer o poder do trabalho e conscientizar-se da satisfação proporcionada pelo bom cumprimento de uma tarefa. Precisa aprender que, para concretizar um sonho, é necessário contar com o apoio do grupo e que, para trabalhar com os outros, você precisa ter o espírito de grupo. O espírito de grupo simboliza a harmonia em seu mais perfeito estágio, não conspurcada pelos egos individuais. Cada participante é compelido a incentivar as habilidades e os méritos dos demais, conseguindo perceber com clareza qual é a peça do quebra-cabeça que lhe cabe. Quando aprendemos a trabalhar em harmonia com os outros, desenvolvemos um forte sentimento comunitário, e o resultado é a união de todos os envolvidos.

Se você tirou a carta do Castor, isto talvez signifique que é chegada a hora de implementar aquele projeto tantas vezes postergado, colocando assim suas ideias em prática. Ou pode ser que a carta do Castor o esteja advertindo de que é necessário acertar as diferenças com os amigos e colegas de trabalho. O Castor lembra-o de procurar soluções alternativas para os desafios que a vida lhe oferece e de proteger as criações às quais você dedicou seu amor e sua energia.

Algumas vezes, o Castor alerta-o para a necessidade de proteger sua retaguarda. Se for esta a mensagem, você o saberá pela posição em que a carta do Castor aparece em seu jogo. Se a carta aparecer na posição Sul, isto é um recado para a sua criança interior, dizendo que é possível confiar, mas sem perder a cautela. Use seu poder de discernimento e tudo correrá bem.

CONTRÁRIA

Se a carta do Castor saiu em seu jogo na posição contrária, isto significa que você está sendo convidado a abrir novas portas para as oportunidades e a manter-se alerta. Também pode ser o indicador de um período de preguiça ou apatia. Descubra o que está obstruindo a correnteza e remova o obstáculo, para que o rio possa voltar a fluir livremente. Algumas indagações suscitadas pela presença da carta do Castor na posição invertida são:

1. Será que eu esqueci de deixar espaço em minha vida para novas experiências?
2. Estou disposto a trabalhar em parceria com as outras pessoas?
3. Estou ressentido por ter que trabalhar?
4. Serei eu capaz de expressar minha criatividade produzindo, ou apenas sonhando?
5. Será que minha mente criou tantos obstáculos ao trabalho produtivo, que me sinto um fracassado antes mesmo de começar?

Medite a respeito da predisposição e da determinação do Castor para o trabalho. Visualize as metas que você pretende atingir e mantenha sua firme predisposição em associar-se com os demais para atingir seus objetivos.

Gambá...
   Vire-se!
      Você está realmente morto?

Ou está apenas fingindo?
   Será que foi algo que eu disse?

23
Gambá
— DISFARCE —

O Gambá se protege fingindo-se de morto. Ao fazer isto, ele confunde os predadores, convencendo-os de que o jogo terminou. Muitas vezes um oponente confuso se afasta, ou olha para outro lado por um instante, o que é suficiente para que o Gambá fuja em segurança.

A energia do Gambá utiliza sempre a estratégia. Se tudo mais falhar, o Gambá se finge de morto. Ele tem a capacidade e está aparelhado para lutar com unhas e dentes, mas raramente chega a este ponto. Ao contrário, sua estratégia predileta de fingir-se de morto é empregada a cada vez que as coisas ficam difíceis, o que o torna um ator digno de ganhar o Oscar do reino animal. O cheiro da morte é segregado por ele à vontade, dando um toque de mestre a uma representação sempre capaz de confundir seus inimigos.

Se o Gambá apareceu em suas cartas, você anda precisando empregar estratégia em algum aspecto de sua vida atual. Confie em seus instintos, eles são a melhor forma de sair de uma enrascada. Caso precise fingir apatia ou medo, faça-o! Às vezes, quando nos recusamos a lutar, ou deixamos entrever que as duras palavras que foram ditas nos magoaram, o oponente enjoa de repente da brincadeira. Os guerreiros utilizam a energia do Gambá há séculos, fingindo-se de mortos quando o inimigo é mais numeroso do que eles. A seguir, rapidamente, quando o inimigo menos espera, ouve-se um grito de guerra. O medo causado pelo grito confunde ainda mais o inimigo perplexo. A vitória tem um gosto doce sempre que sua estratégia abrange a perícia mental e física.

O Gambá pode estar tentando lhe avisar que você deve contar com o inesperado, e empregar esperteza para chegar à vitória. Talvez estejamos falando de uma vitória sobre um vendedor incômodo ou um vizinho barulhento. Em outras palavras, o Gambá o convida a usar sua inteligência, sua capacidade de dramatização e o fator surpresa, todos juntos, para poder saltar alguma barreira que esteja impedindo seu progresso.

CONTRÁRIA

Na posição invertida, o Gambá pode estar tentando preveni-lo para que não se deixe enredar na teatralidade em sua atual situação de vida. "Fechar os olhos e fazer um drama" é algo que impede de enxergar com clareza a verdade de alguma situação. Você pode estar embarcando no melodrama, seu ou dos outros. É melhor se fingir de morto do que justificar seus atos representando a vítima trágica. Se esta ideia não se aplica a sua situação, então considere a possibilidade de estar inventando desculpas para evitar alguma coisa, em vez de simplesmente dizer a verdade. Ao ter medo de ferir os sentimentos dos outros, você se aprisiona em um padrão de eternas justificativas: "É porque eu estou doente, não tenho dinheiro, estou fazendo dieta, sou baixo demais, ocupado demais, estou cansado demais, deprimido demais etc.

Quando precisamos nos defender com esse tipo de desculpas, acabamos perdendo de vista o ponto principal da questão. *Você não tem que justificar seu direito de existir!* A lição aqui é aprender a dizer, educadamente, que uma certa coisa não lhe serve neste momento. É simples, e não requer desculpas. Aprenda a imitar o Gambá e fingir-se de morto, partindo da premissa de que a melhor estratégia é não se defender. Ao não se defender, você resgata o direito de ser quem é, sem precisar apelar para joguinhos de autojustificação.

O melhor uso de um disfarce é saber quando não é preciso se disfarçar. Você não deve desculpas a ninguém por seus próprios sentimentos ou experiências.

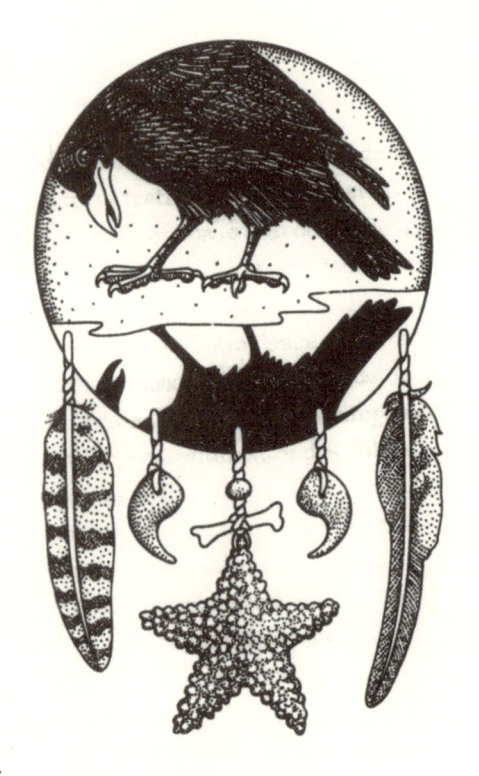

Gralha...
    Você está "grasnando"
        Para que eu me recorde
            Dos segredos do equilíbrio
                Esquecidos em minh'alma?

Você está emitindo
Seu som sagrado
    Para me fazer lembrar
        Das leis universais?

24
Gralha

―――――― A LEI ――――――

Segundo uma lenda indígena, que ilustra o fascínio da Gralha com a própria sombra, a Gralha tanto olhou, tanto bicou, tanto arranhou sua própria sombra, que esta acabou acordando, tornando-se viva e devorando a Gralha. Assim a Gralha tornou-se a Gralha Morta – a Guardiã do Caminho da Esquerda.

A Gralha conhece os mistérios insondáveis da criação, sendo guardiã das leis sagradas. Portanto, quem olhar bem dentro dos olhos da Gralha será capaz de encontrar a via de acesso para a dimensão sobrenatural.

Como a Gralha é a guardiã das leis sagradas, ela pode *dobrar* as leis do mundo físico, possuindo a rara capacidade de mudar de forma. Existem poucos adeptos hoje do totem da Gralha capazes de dominar a difícil arte de mudar de forma, transformando-se em outra pessoa ou outro animal, como a *mosca* na *parede,* que pode observar atentamente o que está ocorrendo a quilômetros de distância. Esta arte também possibilita que o adepto desdobre seu corpo, sendo capaz de estar, *conscientemente,* em dois lugares a um só tempo.

Os europeus que chegaram à ilha da Tartaruga – a América do Norte – foram denominados *Povo dos barcos* pelo chefe Tartaruga Lenta. Entre eles, encontravam-se alguns alquimistas, mas mesmo estes nunca haviam visto algo como a impressionante capacidade de mudança. de forma demonstrada pelos xamãs, que empregavam a energia da Gralha para se transformarem em estranhos animais que penetravam nos acampamentos e nas fortificações dos invasores europeus para desvendar seus segredos. Os xamãs do totem da Gralha são mestres nas artes ilusionistas.

Todos os textos sagrados são colocados sob a custódia da Gralha. O Livro dos Selos, ou o Livro das Leis, escrito pelo Criador, é encadernado com penas de Gralha, pois elas simbolizam o espírito tornada carne. A Gralha também é a guardiã do *ogallah*, os antigos registros.

Os cinturões *Wampum*, ou Cinturões Sagrados das Leis, confeccionados pelas mulheres indígenas muito antes que os europeus chegassem a este continente, continham os conhecimentos das leis do Grande Espírito e eram conservados nas Tendas Negras, as tendas das mulheres. A lei que afirma que "todas as coisas nasceram das mulheres" é personificada pela Gralha.

As crianças são ensinadas a obedecer às regras estabelecidas pela cultura à qual pertencem, e a maioria dos sistemas religiosos cria leis estabelecendo as regras aceitáveis de comportamento para o bom funcionamento das sociedades que representam. As religiões estabelecem um sistema de interdições e castigos que pressupõe a premiação daqueles que obedecem ciosamente a estas regras, e diferentes receitas para a salvação são exigidas por cada "verdadeira fé".

Mas é preciso lembrar que a lei dos homens não corresponde à Lei Sagrada. A Gralha nos permite discernir que o mundo físico e mesmo o mundo espiritual, tal como a humanidade os interpreta, não passam de ilusões. Existem bilhões de mundos e uma infinidade de criaturas, e o Grande Espírito reside em todas elas. Se um indivíduo obedecer escrupulosamente às leis da Gralha, tal como definidas pelo Criador, ele poderá beneficiar-se de uma boa morte que lhe permita passar para a próxima encarnação com a lembrança clara de sua vida anterior.

A Gralha é um presságio de mudança. A Gralha vive no Vazio e não está sujeita às leis do tempo. Os Antigos Chefes nos advertiram de que a Gralha é capaz de ver simultaneamente as três dimensões temporais: passado, presente e futuro. A Gralha funde a luz e as trevas, percebendo tanto a realidade interior quanto a exterior.

Se você tirou a carta da Gralha, é sinal de que deve fazer uma pausa e refletir sobre a maneira como encara a relação entre as leis da humanidade e as leis do Grande Espírito. A energia da Gralha nos oferece uma noção do que é certo ou errado muito superior àquela estabelecida pelas convenções humanas. Se você usar a energia da Gralha, sua voz será forte quando sugerir soluções para o que estiver desequilibrado, fora de harmonia, for despropositado ou injusto.

Lembre-se de que a Gralha olha o mundo primeiro com um olho e, em seguida, com o outro olho enviesado, como os vesgos. Na cultura maia, as pessoas vesgas tinham o privilégio e o dever de olhar para o futuro. Isto deveria estimulá-lo a deixar de ter medo de ser uma voz no deserto e a grasnar bem alto as verdades quando as vislumbrar.

À medida que você permitir que sua *integridade pessoal* seja seu único guia, seu sentimento de isolamento irá se desvanecer e seu *poder pessoal* irá aflorar, para lhe dar força, coragem e determinação para lutar por sua verdade. A primeira regra que as pessoas do totem da Gralha têm que obedecer é a de serem fiéis às suas próprias convicções pessoais. Assim, esteja predisposto a agir segundo suas convicções, defendendo sempre sua verdade. Descubra a missão de sua vida e equilibre o passado, o presente e o futuro no agora. Transmute a velha realidade e torne-se seu futuro eu. Tenha a coragem de dobrar as leis naturais para poder auxiliar na construção de um mundo de paz.

CONTRÁRIA

Quer dizer que você é um fora da lei, não é mesmo? Esta é uma das diversas mensagens da Gralha invertida. O rebelde adormecido em seu íntimo despertou e resolveu aprontar poucas e boas? É bem possível que estas sejam indicações da carta da Gralha na posição invertida.

Uma advertência para você, caso esteja querendo *aprontar*: certifique-se de proteger sua retaguarda e de assegurar diversas vias alternativas de escape. Lembre-se de que a Gralha foi engolida pela própria sombra e que sua suposta esperteza pode ser o caminho de sua desgraça.

Se você não está realmente desejando realizar ações extremadas ou insensatas, a carta da Gralha na posição invertida pode estar apenas advertindo-o de que você está trapaceando em sua dieta, adiando mais uma vez a determinação para parar de fumar ou mudar de emprego, imiscuindo-se na vida de seus vizinhos ou tentando se convencer de que realmente "as promessas existem para não serem cumpridas". Se você se enquadra em qualquer um destes casos, conscientize-se de que o maior perdedor será sempre você. Caso esteja mentindo para si mesmo, ainda que em relação a assuntos irrelevantes, isto é sinal de que você perdeu contato com a magia da Gralha. Reconsidere cuidadosamente seus pontos de vista e talvez seja capaz de vislumbrar novamente a verdade interior.

Ao discernir a verdade, você poderá ter que suprimir antigas convicções para ser capaz de vivenciar plenamente o momento presente. A carta da Gralha na posição invertida é um lembrete de que a aceitação da Lei Divina não implica o questionamento ou a negação das verdades pessoais. Obedecer à Lei Divina implica louvar a harmonia que emana de uma mente apaziguada, de um coração aberto e generoso, de uma língua honesta, de um pisar leve, de uma natureza compassiva e do amor por todos os seres vivos. Implica também louvar o passado como seu professor, o presente como sua criação, e o futuro como sua fonte de inspiração.

Recusar-se a honrar as mudanças que devem ocorrer em sua vida poderá gerar grande sofrimento emocional. A carta da Gralha na posição contrária afirma que a lei foi quebrada e anuncia a implosão de energia que sempre ocorre quando a rebelião explode. A lei da expansão foi bloqueada através da repressão. Isto tanto pode ser aplicado a uma situação de vida, a um vício ou a um velho hábito pernicioso, a alguém a quem você tenha delegado autoridade, ou a seus próprios medos. Não se esqueça de que tudo não passa de criação sua. Invoque a Gralha e transforme, então, essa sua criação numa nova realidade.

Raposa...
    Onde você se esconde?
        Sob as samambaias?
            Disfarçando-se na floresta
                Para que eu aprenda?

Você está observando,
    Sem que eu perceba?
        Tentando ensinar-me
            A me tornar uma árvore?

25
Raposa

———— CAMUFLAGEM ————

A astuta Raposa possui muitos aliados na floresta, entre os quais as folhagens, que lhe proporcionam proteção e energia. A Raposa é capaz de desaparecer completamente em meio à luxuriante vegetação rasteira da floresta, sua maior aliada. Esta capacidade de confundir-se com o ambiente e tornar-se desta forma imperceptível aos demais é um dom precioso quando pretendemos observar as atividades alheias.

Outro talento natural da Raposa é sua capacidade de adaptação para o inverno, pela mudança de sua cor, como ocorre com o Camaleão. Quando chega o inverno e todas as folhas já caíram, a Raposa reveste-se de uma pelugem branca que a torna capaz de confundir-se com a neve, tornando-se invisível desta forma. A Raposa representa a adaptabilidade, a integração, a capacidade de observação, a astúcia e a rapidez de pensamento e de ação. Estes são traços de caráter que, no mundo físico, se traduzem na ágil e segura tomada de decisões.

A capacidade da Raposa de passar despercebida faz com que ela possa ser a guardiã da unidade familiar, pois percebe facilmente a aproximação do perigo e sabe precisamente o que fazer para se defender. *Nanib Waiya*, o Grande Espírito na língua dos índios Choctaw, homenageou a Raposa dando-lhe a missão de manter a família unida e protegida. Isto é possível em virtude do poder da Raposa de observar sem ser percebida e sem incomodar os outros. Como a Raposa está sempre muito preocupada com a segurança dos membros da família, ela representa um excelente talismã para todos aqueles que são obrigados a empreender longas viagens.

Se a Raposa escolheu você para compartilhar sua energia, isto é sinal de que você pode se tornar invisível como o vento que, além disso, é capaz de transportar-se para qualquer lugar ou qualquer situação.

Talvez seja prudente prestar mais atenção aos atos do que às palavras das pessoas neste momento. Use sua natureza astuta para não revelar aos outros suas intenções e observações, desenvolvendo assim a arte da camuflagem.

Existe um exercício que pode ajudá-lo a desenvolver sua habilidade em tornar-se invisível: tente visualizar seu corpo como parte integrante do ambiente à sua volta, com as mesmas cores dos objetos ao seu redor. Veja-se, então, em sua tela mental deslocando-se com segurança e elegância por este ambiente, sem ser percebido por nenhuma das pessoas nele presentes. Se você se exercitar bem, será capaz de sair de uma festa sem que ninguém perceba ou tornar-se tão invisível quanto uma peça de mobília, de forma a poder observar o desenrolar dos acontecimentos sem interferir na ação ou ser molestado por seus protagonistas.

Outra coisa importante que a Raposa pode lhe ensinar é como saber antecipadamente o que ocorrerá em seguida. Depois de observar cuidadosamente uma situação, você será capaz de perceber um padrão de previsibilidade capaz de fornecer as indicações necessárias para sua tomada de decisão. A magia da Raposa ensina a arte da Unidade pela compreensão do processo de camuflagem. Isto é aplicável em todos os níveis, desde uma simples pedra até mesmo a Deus. Por meio da energia da Raposa, você será capaz de aprender todas as utilidades que a Unidade pode ter.

Assim como os palhaços que distraem os touros bravos num rodeio para proteger os vaqueiros caídos, a Raposa também é capaz de encontrar os mais inesperados e astuciosos recursos para proteger os seus. Ela pode até empregar táticas consideradas idiotas pelos outros, mas elas sempre funcionarão e corresponderão às expectativas da esperta Raposa.

CONTRÁRIA

Se a carta da Raposa saiu na posição invertida, cuidado! Você pode estar sendo observado por alguém que o está vigiando para tentar descobrir seus planos. Ou, então, pode ser que seja apenas você, se olhando para *provar* a si mesmo que existe. Se você se disfarçou a ponto de tornar-se tão invisível quanto o papel de parede da decoração de sua casa, talvez seja o momento de decidir reaparecer para não acabar inteiramente esquecido.

A Raposa na posição invertida pode ser tão tola quanto já foi esperta um dia, de modo que você pode ter sido levado a acreditar que sua baixa autoestima é decorrente do fato de ter nascido sem grandes dotes intelectuais ou ter vivido uma vida pouco aventurosa. Este é um tipo diferente de camuflagem, que o levou a camuflar em si mesmo o desejo de levar uma vida feliz e produtiva em meio a amigos fiéis. Seja qual for o caso, sempre que a carta da Raposa aparece na posição contrária, isto é sinal de que você está mergulhado no tédio e na apatia, e precisa sacudir-se e tentar cavar mais fundo dentro de si para reencontrar a chama perdida que devolverá seu desejo de viver a vida em sua plenitude.

A carta da Raposa na posição contrária pode estar lhe dizendo também que você se tornou *demasiadamente* visível. Ao galgarmos posições de destaque, frequentemente suscitamos a inveja ou o ciúme nos outros, atraindo energias nefastas para nossas vidas. Se você está se sentindo atacado ou pressionado, talvez seja tempo de fazer uma retirada estratégica, sumindo de circulação por uns tempos. Para endireitar a Raposa invertida, invoque o Tatu, conte a ele todos os seus problemas e peça que ele os enterre bem longe de você. Invoque então a Raposa para lhe ensinar a arte da camuflagem e, quando você estiver totalmente fora do alcance de seus inimigos, reaprenda a desenvolver seu lado Raposa para não cair numa enrascada destas novamente.

Torne-se uma Raposa e descubra a alegria de experimentar o parque de diversões de sua vida. Poderá descobrir, então, que o galinheiro no qual penetrou está repleto de delícias, esperando somente por você.

Esquilo...
   Você armazenou nozes
      No oco do tronco
         Para uma eventual necessidade.

Ensine-me a colher
   Apenas o necessário
      Confiando no Grande Mistério
         Para efetuar a semeadura.

26

Esquilo

—— ARMAZENAMENTO ——

O Esquilo lhe ensina a armazenar para o inverno, quando todas as árvores estarão nuas e as nozes já terão desaparecido há tempos. Como o Esquilo tem a personalidade muito irrequieta, sua energia manifesta-se de diferentes formas. Seu comportamento extravagante e imprevisível, aliado à sua incrível rapidez, ajuda-o a escapar dos predadores. Mas este mesmo comportamento errático, quando manifesto nas pessoas do totem do Esquilo, é capaz de provocar um ataque de nervos até nos mais calmos e impassíveis, pois é muito difícil conseguir acalmar e disciplinar algum membro deste totem para integrá-lo num trabalho metódico.

O poder de armazenar implícito na energia do Esquilo é um grande dom, pois ele pode lhe ensinar a poupar e armazenar para futuros tempos difíceis. O que você pode ter que reservar para uso futuro tanto pode ser um juízo de valor, uma opinião pessoal, como mantimentos ou dinheiro na caderneta de poupança. Ou seja, o Esquilo é o verdadeiro escoteiro do reino animal – sempre alerta e precavido.

Na insegura época atual, quem é inteligente percebe a importância de ser previdente, poupando sempre um pouco para eventuais emergências futuras. Todas as profecias mencionaram as mudanças que ocorrerão no fim do atual milênio e, nos tempos nublados que se anunciam, o Esquilo poderá ser de grande valia. Sua mensagem é clara. O que o Esquilo lembra é a importância de ser precavido sem ansiedade, demonstrando autoestima suficiente para reservar para uso futuro coisas das quais você possa vir a necessitar, mesmo que tal necessidade nunca chegue a se manifestar. Lembre-se do ditado que afirma: *um homem prevenido vale por dois.*

Se você tirou a carta do Esquilo, isto é sinal de que você deve preparar seu futuro, mantendo-se aberto às mudanças que certamente ocorrerão em breve em sua vida. Se você acumulou coisas em demasia, livre-se delas. Estas coisas tanto podem ser conceitos intelectuais, preocupações, pressões, estresse, como também podem ser meros objetos palpáveis que você mantém guardados há muito. É preciso ter consciência de que o armazenamento só tem sentido quando é equilibrado, e só é equilibrado quando propicia a correta circulação e a constante renovação do estoque. Acumule apenas aquilo que for de fato necessário, livrando-se dos bens materiais desnecessários por meio de doações para instituições ou pessoas que possam efetivamente utilizá-los de imediato.

O Esquilo também tem outra lição para lhe ensinar. É uma lição que pode parecer óbvia, mas é capaz de prepará-lo para enfrentar qualquer adversidade. Esta lição é relativa à necessidade de guardar as coisas importantes em local seguro, e não nos referimos aqui apenas aos bens materiais que podem ser escondidos em cofres ou compartimentos secretos. Na dimensão humana, os locais mais seguros que existem são uma mente serena e um coração compassivo, e os bens mais preciosos que neles podem ser estocados são a sabedoria e o amor. Essas energias benéficas irão libertar tanto seu coração quanto sua mente, imbuindo-o da certeza de que há um tempo certo para tudo; basta aplicar corretamente este conhecimento para fazer todos os medos e as ansiedades se desvanecerem como que por encanto.

CONTRÁRIA
A energia invertida do Esquilo é representada por aquele que acumula coisas sem nunca se desfazer de nada, aquele tipo de pessoa que está sempre esperando pelo pior e consome-se desesperadamente nesta espera. Aguardar por alguma coisa é uma armadilha paralisante que não se coaduna com o espírito irrequieto do Esquilo, sempre pulando de galho em galho. Se o Esquilo apareceu dependurado de cabeça para baixo nos galhos de sua árvore, isto é sinal de que você está vendo o mundo através de uma polarização negativa, represando seus pensamentos de abundância e deixando que a carência domine sua vida. Se isto está ocorrendo com você, faça-se as seguintes indagações:

1. Eu estou me impedindo de ter espaço bastante para que a abundância se manifeste livremente em minha vida?
2. Eu rompi minha ligação com a Mãe Terra, da qual derivam todas as coisas?
3. Será que exacerbei o caráter errático do Esquilo, movendo-me de forma demasiadamente rápida e desordenada, sem definir um objetivo preciso para minha vida?
4. Estou desperdiçando minha energia com preocupações e angústias, em vez de armazenar poder para estar apto a enfrentar todas as circunstâncias que me aguardam no futuro?

Lembre-se de que um membro da família dos Esquilos recolheu a energia da Águia, e ligou-se ao Grande Espírito. Agora este Esquilo sabe voar...

Libélula...
>   Dissipe todas as ilusões
>   >   E traga visões de poder
>   >   >   Não há necessidade de prová-lo
>   >   >   >   A hora é agora!

Saiba, acredite!
>   O Grande Espírito intercede

Alimentando, abençoando, e
>   Satisfazendo todas as necessidades.

27
Libélula

———————— ILUSÃO ————————

A energia da Libélula relaciona-se com os sonhos e as ilusões que aceitamos como sendo realidade concreta. A iridescência das asas da Libélula nos desvela cores fascinantes, bastante diversas daquelas que sempre encontramos na vida cotidiana. A energia, a forma e as cores sempre cambiantes da Libélula explodem na mente do observador, evocando um tempo pretérito em que imperava a magia.

Algumas lendas afirmam que a Libélula foi um dia um Dragão, com escamas coloridas similares àquelas encontradas nas asas da Libélula. O Dragão era muito sábio e voava pela noite escura, espargindo a luz com seu hálito de fogo. Foi seu hálito de fogo que trouxe para nosso mundo a arte da magia e a ilusão de mudar de forma. Todavia, chegou o dia em que o Dragão sucumbiu à própria ilusão ao deixar-se enganar pelo ardiloso Coiote, que o convenceu a mudar de forma para provar que possuía de fato poderes mágicos. O Dragão aceitou o desafio do Coiote, adquirindo a forma que tem hoje a Libélula, mas, ao aceitar este desafio movido pela vaidade, o Dragão perdeu seus poderes mágicos e não pôde mais retornar à sua forma primordial.

A Libélula expressa a essência dos tempos de mudança, das mensagens de iluminação e sabedoria, e a comunicação com o mundo dos elementais – composto por uma miríade de pequenos espíritos da natureza, presentes nas plantas, na terra, no fogo, na água e no ar.

Se a Libélula voou para suas cartas, isto é sinal de que você pode ter esquecido de regar suas plantas. Ou, talvez, em outro nível, que você pode ter se esquecido de agradecer a dádiva representada pelos alimentos que sustentam seu corpo físico. E, na dimensão psicológica, indica que você precisa se livrar das ilusões que o estão garroteando, limitando suas ideias e seus empreendimentos.

A carta da Libélula sempre indica a necessidade de reavaliar padrões de comportamento que devem ser quebrados para que você possa evoluir. Ela pode, por exemplo, adverti-lo de que está negligenciando sua aparência a ponto de vestir-se como um espantalho ou de deixar-se engordar em demasia. Será que você está verdadeiramente se empenhando em obter as mudanças e os progressos que ambiciona para sua vida? Use a energia da Libélula para escapar dos caminhos enganosos e enveredar pela senda da transformação.

Lembre-se de que as coisas jamais são exatamente aquilo que parecem ser e tente perceber de que forma você pode empregar as artes do ilusionismo para resolver seus problemas.

CONTRÁRIA

Você está tentando provar a alguém, ou a si mesmo, que tem poder? Você caiu em alguma ilusão que mascara seus sentimentos ou minimiza seus talentos? Se isto ocorreu é sinal de que você contraiu a *síndrome de caçabombardeiro* da Libélula. Pode ser que a bomba que você está lançando vá detonar definitivamente algum sonho insensato ou irrealizável. Se for este o caso, bom sinal, pois desiludir-se significa em verdade livrar-se da ilusão, o que sempre prepara o caminho para o despertar.

Mergulhe em seu interior, sinta a força de sua própria energia, verifique o que a está represando e tente recordar-se de quando você começou a se iludir com a crença de que seria mais feliz se mudasse seu jeito de ser para satisfazer às expectativas alheias.

A infelicidade é a primeira pista de que você perdeu seu referencial pessoal para seguir ideias alheias sobre o que ou quem você deveria ser. A *ilusão* era a de que você seria mais feliz caso fizesse as coisas do jeito que os outros desejavam. Ao esquecer-se do que é verdadeiro e certo para a sua personalidade, você abriu mão de seu próprio poder. Agora é chegada a hora de recuperá-lo sem mais tardar.

Siga a Libélula para aquele lugar dentro de você no qual a magia ainda permanece viva e impregne-se de seu poder. Você tem a força e o poder de se transformar na ilusão. Esta capacidade está em perpétua transformação e pressupõe o conhecimento de que você é o responsável por todas as coisas criadas em sua vida.

Tatu...
   Ajude-me a armar minhas fronteiras
   Mostre-me os meus escudos
   Para que eu possa refletir a dor
   Sem ceder.

28
Tatu

──────── LIMITES ────────

O Tatu carrega sempre sua armadura consigo – sua arma é parte de seu próprio corpo. Sua carapaça protetora é parte de seu ser, de tal forma que ele pode facilmente se enrolar em torno de si mesmo, transformando-se numa bola resistente que não pode ser penetrada por seus inimigos.

Que grande bênção esta de poder erguer uma muralha em torno de si, para impedir que a maldade alheia penetre! A lição do Tatu é clara: se você não quiser sentir-se invadido, tome as precauções necessárias para defender seu espaço vital.

Um exercício de reforço de suas proteções é o de traçar um círculo num pedaço de papel e considerá-lo um escudo protetor. No centro deste escudo, escreva tudo o que você deseja possuir, ter, experimentar ou proteger. Não se esqueça de incluir aí todas as coisas que o fazem feliz. Assim procedendo, você estará demarcando fronteiras que deixarão do lado de fora todas as coisas e os seres indesejáveis e guardarão no interior tudo aquilo que você deseja, só deixando passar aqueles a quem você permitir que façam parte de sua vida. Este escudo refletirá o que você é e o que é sua vontade para os outros em nível subconsciente. Do lado de fora, você pode assinalar aquilo que só deseja experimentar dentro de certos limites, como, por exemplo, a visita de um parente distante, as críticas de seus amigos ou colegas de trabalho e os pedidos de dinheiro ou ajuda.

Se o Tatu apareceu em seu jogo, isto significa que é tempo de você definir seus próprios limites. É possível que você tenha sido complacente demais e tenha deixado sua casa se converter numa verdadeira rodoviária, com gente entrando e saindo a toda hora do dia e da noite. Pode ser que não tenha aprendido a dizer "não" quando necessário, mesmo nos casos em que você é obrigado a abrir mão de seus próprios planos para atender aos desejos alheios. Saia dessa, porque essa rotina pode levá-lo a ficar velho antes do tempo, ou conduzi-lo direto para um enfarte.

Talvez seja chegada a hora de você se fazer as seguintes indagações:

1. Eu estou me concedendo o tempo necessário para atender às minhas próprias necessidades de repouso e diversão?
2. Os outros estão me tratando como um capacho?
3. Por que os outros nunca me dão o devido valor?
4. Por que razão eu sempre digo sim, mesmo quando gostaria de dizer não?

Todas estas perguntas implicam necessidade de traçar limites claros para suas ações, definindo de modo inequívoco o que você está realmente disposto a fazer ou tolerar. Sua maneira de reagir diante das circunstâncias tem a ver com um comportamento mais objetivo de sua parte, o que implica uma definição mais precisa de sua disponibilidade. Não é possível ser objetivo se você não souber exatamente onde termina a personalidade de outra pessoa e onde começa a sua. Se você não demarcar seus limites, acabará se transformando numa esponja, absorvendo o que deseja e o que não deseja. Proteja-se e não se deixe contaminar pela ansiedade nem pela depressão alheias. Proteja seus limites com a armadura do Tatu e aceite somente a intrusão das coisas e das pessoas que lhe são realmente benéficas.

CONTRÁRIA

Vá em frente, enrole-se e esconda-se. Esta é, sarcasticamente, a mensagem do Tatu na posição invertida. Talvez você esteja pensando que a única maneira de vencer na situação atual é se escondendo, ou tentando dar a impressão de que você possui uma couraça impenetrável, mas você bem sabe que esta não é a melhor maneira de evoluir como um ser humano adulto. É melhor se abrir e vivenciar plenamente sua vulnerabilidade, pois esta poderá ser uma experiência transformadora para você.

A vulnerabilidade é a chave para se desfrutar as dádivas da vida física. Ao permitir que você sinta e expresse seus sentimentos, uma infinidade de expressões se tornarão disponíveis. Por exemplo, um verdadeiro elogio é um fluxo de energia denotando admiração. Se você estiver se escondendo com medo de ser magoado ou ferido, nunca poderá desfrutar a alegria proporcionada pela admiração alheia.

O truque consiste em deixar que o Tatu o ajude a deixar de se esconder, usando sua armadura para refletir as energias negativas. Conscientize-se de que você é capaz de aceitar ou rejeitar qualquer sentimento, ato ou energia, sem ter necessariamente que se esconder.

O ventre do Tatu é macio porque sua carapaça o protegerá, caso seja necessário. Se você continuar tentando coibir a expressão de seus sentimentos profundos e temendo o fracasso ou a rejeição, isto fará com que necessite de uma armadura cada vez mais forte que acabará por impedi-lo de agir. Deixe de passar a vida fugindo e você conquistará o poder de superar suas dúvidas e hesitações e atingir a essência de seu ser. Tente e descobrirá a maneira mais adequada de expressar sua verdadeira natureza, quer isto aconteça por intermédio da escrita, da pintura, do surfe ou da jardinagem. Lembre-se de que a única verdadeira rejeição é aquela imposta por você mesmo, quando se recusa a romper sua armadura protetora para permitir a livre expansão de sua personalidade. Não deixe que sua armadura se transforme numa prisão e nem que seus medos sejam seus carcereiros.

Texugo...
   Texugo...
      Texugo...

Antes que você atinja sua meta
   Descubra o poder interior
      Que reside em sua alma.

29
Texugo

―――― AGRESSIVIDADE ――――

O Texugo é traiçoeiro e extremamente agressivo. O Texugo irrita-se com facilidade e ataca à menor provocação. O poder do Texugo é a agressividade e o desejo de lutar pelo que se quer.

A simples ideia de ter que enfrentar o Texugo faz com que os outros animais fujam apavorados. Como o Gambá, sua reputação sempre o precede. Seus dentes afiados são capazes de lacerar um oponente com facilidade. Muitas mulheres curandeiras pertencem ao totem do Texugo, pois ele é o protetor das raízes. Em sua morada subterrânea, o Texugo vê todas as raízes das ervas curativas produzidas pela Mãe Natureza. Estas raízes são o segredo da cura rápida. As raízes podem neutralizar a energia negativa ao permitir que a doença passe através do corpo e penetre no solo como energia neutra. As pessoas do totem do Texugo não costumam entrar em pânico e reagem pronta e eficientemente às crises. Assim, se você pertence ao totem do Texugo, deve manifestar prontamente suas reações e seus sentimentos, sem pensar muito nas consequências de seus atos. As pessoas do totem do Texugo geralmente são do tipo que não passam a bola e insistem em fazer o gol sozinhas, o que nem sempre as torna campeãs de popularidade entre seus companheiros de time...

A energia do Texugo pode ser muito útil quando empregada por um curador agressivo, que não tema utilizar métodos pouco convencionais para obter a cura de seus pacientes. Assim como a mãe, que é capaz de permanecer dias a fio à cabeceira do filho doente, o Texugo está sempre determinado a perseverar. O médico ou o curador deste totem nunca desiste, empregando todos os recursos disponíveis na tentativa de obter a cura de seus doentes, mesmo que estes tenham sido desenganados por todos os seus colegas anteriormente.

Por outro lado, as pessoas do totem do Texugo podem ser fofoqueiras compulsivas e tendem a reagir "com quatro pedras na mão" quando não estão perfeitamente equilibradas. Esta agressividade é capaz de conduzi-las aos mais altos postos em suas carreiras, porque elas simplesmente não desistem antes de atingirem seus objetivos. Alguém do totem do Texugo é frequentemente o *chefe*, e do tipo que todos temem. Contudo, trata-se do tipo de chefe que manterá sempre sua empresa no topo, pois ele possui uma poderosa fonte de energia e nunca desiste. É do tipo *retroceder nunca, desistir jamais*.

Se o Texugo imiscuiu-se em seu jogo hoje, isto pode ser sinal de que você não demonstrou empenho suficiente na tentativa de alcançar seus ideais. O que o Texugo pode estar lhe perguntando é por quanto tempo ainda você vai esperar que o mundo entregue sua recompensa numa bandeja de prata, antes de descobrir que não receberá absolutamente nada se não sacudir a inércia e for à luta.

O segredo do Texugo é o de irritar-se o bastante a ponto de reagir e *fazer algo* para mudar sua vida. O Texugo está lhe ensinando a ser agressivo de modo criativo, compelindo-o a dizer "não vou tolerar mais isto", e a fazer efetivamente algo para mudar e progredir. Mantenha seu objetivo em mente, honre a magia do Texugo e parta destemidamente à conquista de seus ideais.

Seja agressivo, mas não faça picadinho dos outros, pois isto é ser agressivo em demasia. Use sua raiva para neutralizar a indolência e quebrar a apatia. A energia do Texugo é muito poderosa quando utilizada para o autoaprimoramento. Lembre-se de que o Texugo pode estar pressagiando um período no qual você terá que empregar seus poderes curativos para progredir na vida. Cure-se a si mesmo removendo ativamente as barreiras que estão impedindo o pleno florescimento de sua personalidade. Arranque as ervas daninhas de seu jardim, use a agressividade do Texugo para atingir novos patamares de expressão e utilize as raízes para se manter firme e centrado ao longo do processo, obtendo assim o equilíbrio necessário para propiciar um progresso real.

CONTRÁRIA

Epa! Aí vem o Texugo de cabeça para baixo, e ele vem botando fogo pelas ventas! Isto pode significar que você sofreu abusos ou injustiças por parte de outrem ou que está expressando sua raiva de uma forma pouco saudável. Se for este o caso, conscientize-se de que toda e qualquer forma de raiva nada mais é do que um reflexo da raiva que sentimos contra nós mesmos, sendo o aspecto mais pernicioso deste tipo de raiva a impotência que direciona sua agressividade contra quem não é absolutamente responsável por suas frustrações.

Se você está com raiva de um colega de trabalho porque ele contou ao seu patrão que você está procurando um novo emprego, na verdade está com raiva de sua própria incapacidade de manter suas intenções em segredo. Se está exasperado com seus filhos porque eles não lhes obedecem, geralmente isto decorre do medo que você tem em relação ao futuro deles e não propriamente do comportamento que eles têm. Este tipo de raiva interior muitas vezes se reflete em pequenos acidentes estúpidos, como quedas inexplicáveis, arranhões, cortes autoinfligidos e esbarrões na mobília de casa.

A carta do Texugo na posição invertida pode sugerir a necessidade imperiosa de um tempo de reflexão sobre o que o faz se sentir impotente. Será falta de agressividade, que o conduziu a não ousar mais a ter iniciativas próprias? Será o medo de ter suas ideias refutadas ou recusadas? Talvez seja chegada a hora de você se confrontar com sua própria inveja e seu ciúme do sucesso alheio. Para que ficar lamentando a sua falta de sorte e criticando os outros? Arregace as mangas e parta em busca de seu próprio sucesso e de suas próprias conquistas!

Na posição invertida, a carta do Texugo ensina sobre timidez e insegurança, bem como sobre a agressividade injustificada que precisa ser controlada. Solte seus sentimentos e deixe-se fluir livremente, sem medo de se ferir contra rochas na correnteza ou contra os pilares de uma ponte. Se isto ocorrer, tanto melhor, pois ajudará a equilibrar a agressividade do Texugo, ensinando-o a ter mais compaixão e sentimento de solidariedade.

Num nível mais concreto, o Texugo na posição invertida pode estar compelindo você a usar ervas e raízes para curar seu corpo, ou pode estar alertando-o para a existência de algumas áreas em sua vida que necessitam de um impulso externo de agressividade criadora para poderem crescer. Em todas as situações, a carta do Texugo na posição invertida indica a necessidade de uma ação mais agressiva em sua vida, advertindo que a inércia será certamente acompanhada de sofrimento se não for neutralizada pela ação criadora.

Coelhinho assustado...
 Abandone seus medos!
  Fugir não fará cessar a dor
   Nem derramará luz na escuridão.

30
Coelho
—————— MEDO ——————

Há muito, muito tempo, o Coelho era um guerreiro forte e destemido, cuja melhor amiga era uma bruxa chamada Olho Andante. Os dois eram verdadeiramente inseparáveis e passavam longas horas juntos, perdidos em conversas infindáveis sobre os mais diversos assuntos.

Um dia, Olho Andante e o Coelho caminhavam por uma estrada e, em determinado momento, pararam um pouco para descansar. O Coelho disse então:

— Estou com sede.

Olho Andante pegou uma folha no chão e soprou sobre ela, transformando-a num cântaro cheio da mais pura e refrescante água, da qual o Coelho bebeu sem fazer qualquer comentário. Mais adiante, disse o Coelho:

— Estou com fome.

Olho Andante pegou então uma pedra à beira da estrada e soprou sobre ela, transformando-a num suculento nabo, que ofereceu ao Coelho. Este pegou o nabo de suas mãos, deliciou-se com ele mas seguiu em frente sem fazer qualquer comentário.

Ambos continuaram caminhando e logo alcançaram a trilha que conduzia às montanhas, pela qual enveredaram. Quando já estavam quase chegando ao cume da mais alta das montanhas, o Coelho escorregou e rolou montanha abaixo, quase sucumbindo na queda. Quando finalmente Olho Andante conseguiu chegar até seu amigo acidentado, parecia que o Coelho, todo estropiado, não teria mais condições de viver. Contudo, Olho Andante empregou todos os seus conhecimentos de magia para soldar os ossos partidos e regenerar as horríveis feridas do Coelho, salvando sua vida. Ainda assim, o Coelho não lhe disse nenhuma palavra de agradecimento.

Alguns dias mais tarde, Olho Andante procurou por toda a parte pelo Coelho e não o encontrou, findando por desistir de tentar achá-lo, depois de muita busca. Pouco tempo depois, ela topou com o Coelho por acaso e perguntou-lhe:

— Coelho, você está me evitando, escondendo-se de mim?

— Sim — respondeu o Coelho assustado —, estou fugindo de você porque eu tenho medo de magia. Deixe-me em paz!

— Está bem — disse Olho Andante —, eu usei meus poderes mágicos para matar sua sede, saciar sua fome e salvar sua vida, e agora você me vira as costas e recusa minha amizade.

— Não quero ter mais nada a ver com você ou com seus poderes mágicos e espero nunca mais vê-la de novo! — retrucou o Coelho, sem sequer perceber as lágrimas que brotaram dos olhos da feiticeira ao ouvir suas palavras de ingratidão.

— Coelho — disse-lhe Olho Andante —, nós já fomos grandes amigos e é somente em nome de nossa antiga amizade que não o destruirei, apesar de poder fazê-lo com facilidade. Mas eu amaldiçoo você e todos os seus descendentes, fazendo com que vocês fiquem permanentemente chamando seus medos, que, de agora em diante, serão parte inseparável de sua personalidade.

É por isso que agora o Coelho é um Invocador de Medos. Quando o Coelho sai de sua toca ele grita: *Águia, estou com tanto medo de ti!* Se a Águia não o escuta da primeira vez, ele grita ainda mais alto: *Fique longe de mim, Águia!* Até que ela percebe sua presença, mergulha sobre o Coelho e o devora, como também o fazem o Lobo, o Gato-do-mato, o Coiote e até mesmo a Cobra, quando o Coelho chama por eles.

A lição desta história é que as pessoas do totem do Coelho temem tanto as doenças, as desgraças, as tragédias e a morte que acabam passando da doença à desgraça e da desgraça à tragédia até o dia em que, por fim, morrem, pois elas atraem constantemente aquilo que temem, para que essas coisas, ou essas experiências, possam lhes ensinar lições de destemor. Lembre-se de que *tudo aquilo a que se resiste* persiste, de forma que seus maiores temores sempre acabarão se tornando realidade.

A carta do Coelho pode pressagiar um período de grande inquietude em relação ao futuro ou de insensatas tentativas em controlar aquilo que é incontrolável pela própria natureza: o porvir. *Pare imediatamente com isto!* Anote seus medos numa folha de papel, vivencie-os profundamente em sua imaginação e então faça como a feiticeira da lenda e sopre sobre eles, e perceba como seus medos se espalham ao vento indo para bem longe. Queime então a folha de papel, livrando-se definitivamente de todo e qualquer temor. A lição do Coelho para você é a seguinte: pare de uma vez por todas de falar sobre as coisas horríveis que estão sempre acontecendo com você ou com quem quer que seja e elimine inteiramente de seu vocabulário a expressão "o que será de mim, se..."

CONTRÁRIA

O medo paralisante que o Coelho sente ao ser caçado é a mensagem da carta do Coelho na posição invertida. Se você tentou resolver algum problema em sua vida e mostrou-se incapaz de equacioná-lo, isto pode tê-lo deixado paralisado em meio à ação, como a imagem congelada de uma fita de vídeo. Não se aflija, pois isto pode prenunciar apenas a necessidade de um período de espera, durante o qual as forças criadoras do universo irão se reorganizar novamente em seu favor. Ou pode ser também que isto indique simplesmente a necessidade de um período de descanso para que você seja capaz de recuperar suas forças. Seja como for, o Coelho na posição contrária sempre indica a necessidade de um processo de reavaliação de algum aspecto de sua vida, para que você possa se livrar das barreiras, dos medos, das angústias e das demais emoções e dos sentimentos negativos que estão arruinando sua existência. É necessário que você tenha plena consciência de que não conseguirá progresso algum em sua vida enquanto não se livrar inteiramente deste padrão negativo de pensamento.

As Forças Universais mantêm-se em perpétuo e contínuo movimento, o que significa que sempre será possível encontrar uma saída ainda que inesperada ou surpreendente – para qualquer tipo de situação. Sua capacidade de encontrar esta saída depende unicamente da forma pela qual você lida com seus problemas.

Imite o Coelho. Esconda-se em um lugar seguro, mas somente o tempo suficiente para lamber suas feridas e esquecer seus medos. Pois não há sentido algum em permanecer sempre assustado e entocado, quando a luz do sol brilha sobre a relva e todo um mundo repleto de alegria, beleza e aventura aguarda por você lá fora.

Querido irmão Peru
    Você oferece de bom grado
        Tudo aquilo que você é
            Para que os outros possam viver.

31
Peru
—————— DOAÇÃO ——————

O Peru é considerado a Águia Doadora ou a Águia do Sul por diversas culturas indígenas norte-americanas que norteiam suas vidas pelo princípio da doação. A energia do Peru implica o reconhecimento dos sacrifícios que os outros fazem em nosso benefício. As pessoas em nossas sociedades modernas, que dispõem de muito mais do que realmente necessitam, deveriam estudar o comportamento nobre e digno do Peru, que se sacrifica para que possamos viver, pois sabe que sua morte propicia nossa vida.

Os espectadores leigos que assistem à Cerimônia da Doação dos índios norte-americanos não conseguem entender seu significado profundo. Nesta cerimônia, um membro da tribo abre mão, voluntária e alegremente, de todos os seus pertences em prol dos demais membros de sua comunidade. De modo diferente, em nossa sociedade urbana, somos incentivados a comprar, ou obter de outra forma qualquer, o maior número possível de bens materiais, continuando sempre e sempre com este joguinho, pois a vitória está reservada apenas para aquele que possuir o maior número possível de brinquedos.

Nas culturas verdadeiramente sábias e solidárias, ninguém se torna vencedor enquanto *todos* os membros da tribo não tiverem suprido suas necessidades. Nestas sociedades, aquele que ambiciona obter mais do que a parte que lhe cabe por direito é tido como egoísta ou louco, quando não as duas coisas ao mesmo tempo. Estas sociedades respeitam os idosos, os pobres e os doentes, sendo precisamente por esta razão que aquele que mais oferece e mais doa de si para aliviar os sofrimentos alheios se torna o membro mais respeitado da comunidade.

Muitos místicos e santos pertenceram e pertencem ainda hoje ao totem do Peru. Regozije-se portanto caso você faça parte deste totem, pois isto é com certeza sinal de que é uma pessoa de muitas virtudes, alguém que transcendeu o sentimento de individualidade do ego profano e procura sempre agir visando ao benefício alheio. Este comportamento não é ditado por um senso próprio de compromisso moral demasiadamente estrito ou por um sentimento de culpa fomentado por algum sistema religioso que trabalha com a confusa e discutível noção de pecado. Mas, de modo geral, as pessoas do totem do Peru ajudam os demais apenas porque possuem a convicção de que toda vida é sagrada, visto que o Grande Espírito habita em cada um de nós.

A recompensa do altruísta reside unicamente na certeza de que tudo o que fazemos pelos outros estamos em verdade fazendo por nós mesmos. O Peru lida com a iluminação e com o despertar do verdadeiro ego, o Eu superior. A compaixão que engendra a solidariedade é a mensagem primordial de todos os verdadeiros sistemas espirituais.

Se você tirou a carta do Peru, isto é sinal de que irá receber um presente. Este presente pode ser material, intelectual ou espiritual, assim como pode ser valioso ou singelo, mas certamente não será insignificante. Ele preencherá seu coração de alegria. Seu presente pode ser o perfume de uma flor, um belo pôr de sol ou a sorte grande na loteria. O que importa é que ele irá despertar um forte sentimento de gratidão em seu íntimo, que redundará no anseio de compartilhar com os outros a sua felicidade.

CONTRÁRIA

Se você tirou a carta do Peru na posição invertida, isto pode indicar que você está abocanhando bens justamente em decorrência do temor de perdê-los. Ou pode ser sinal, ao contrário, de que se tomou um sovina incapaz de dar até mesmo uma mísera moedinha para um pedinte. Pode ser que o avarento que existe dentro de você tenha crescido, convencido de que a miséria representa um aspecto aceitável da existência. Ou pode ser simplesmente que, por uma razão qualquer, você esteja temeroso de gastar dinheiro ou investir seu capital em algum empreendimento neste momento.

Outro aspecto negativo indicado pela carta do Peru na posição contrária é o sentimento de que o mundo lhe *deve* algo, que você considera que a energia não precisa ser reciclada pela circulação constante e tende a achar que o destino mais apropriado para o dinheiro é sua própria conta bancária.

Seja qual for a mensagem que a carta do Peru na posição invertida esteja trazendo, ela sempre adverte que está faltando generosidade de espírito em sua vida, tanto em relação aos outros quanto em relação a si mesmo.

Não se esqueça, contudo, de que não há mérito algum em dar para receber de volta, pois isto é manipulação e não doação. Se a doação não for realizada com o coração feliz e sem qualquer sentimento de perda ou de arrependimento, ela não terá qualquer significado real.

Oh, pequena Formiga...
    Sua paciência cresce
        Como as areias do tempo.

Posso aprender a ser como você?
    Ou isto é sublime demais para mim?

32
Formiga
——— PACIÊNCIA ———

A Formiga é capaz de levar uma pesada folha nas costas por quilômetros a fio, se isto for necessário, e existe uma espécie de Formiga na África que é capaz de devorar porções inteiras de densa mata, pois a estratégia da Formiga é a da paciência. A Formiga é uma construtora, como o Castor, possui a agressividade do Texugo, a vitalidade do Alce, a minúcia do Rato e a generosidade do Peru.

A Formiga possui uma "mente coletiva" e trabalha devotadamente sob as ordens da Formiga Rainha para suprir as necessidades do formigueiro e armazenar víveres para uso futuro. O autossacrifício é parte da energia da Formiga, mas sua verdadeira fonte de poder é a paciência.

As pessoas do totem da Formiga possuem um senso comunitário muito desenvolvido e são capazes de prever com grande antecedência as futuras necessidades de suas comunidades. Essas pessoas são metódicas e previdentes como o Esquilo e ficam felizes em acompanhar a progressiva, ainda que lenta, concretização de seus planos, o que constitui uma característica muito rara nas sociedades modernas.

Uma espécie de Formiga do deserto constrói uma cova revestida de uma fina camada de areia no topo de seu formigueiro, esperando pacientemente que algum inseto distraído caia nela. Quando isto ocorre, a desafortunada presa cai diretamente nas garras das empreendedoras Formigas, comprovando que a paciência é uma virtude sempre recompensada.

As pessoas do totem da Formiga geralmente sentem o doce gostinho da vitória que coroa um trabalho bem-feito, e sabem prover-se dos recursos necessários para a concretização de seus propósitos, sempre assentados sobre um meticuloso planejamento.

Se você pertence ao totem da Formiga, você é do tipo que come vagarosa e laboriosamente e tem a firme convicção de que tudo o que é seu virá às suas mãos no momento oportuno. Esta sabedoria funciona, porque demonstra uma fé absoluta na providência divina.

Se a Formiga apareceu em seu jogo hoje, é sinal de que você precisa demonstrar mais paciência e confiança na solução de alguma pendência, porque talvez você tenha se esquecido de que sempre receberá aquilo de que necessita no momento certo. Se você ainda não consegue entrever a solução de seu problema, será preciso apelar para alguma estratégia e usar seu poder criador durante o inevitável período de espera, seja lá o que for que você estiver esperando.

A Formiga trabalha para o bem do Todo. Você também está fazendo o mesmo? Se estiver, pode ter certeza de que o Todo também deseja a você o mesmo bem que você almeja para ele, e ele certamente saberá prover as suas necessidades.

CONTRÁRIA

Cuidado. Aí vem a ferroada! Se você está sempre apressado, poderá ter a surpresa desagradável de descobrir que se tornou presa daqueles que não estão trabalhando para o bem de toda a humanidade. Estes indivíduos, que fazem da ganância um meio de vida, aproveitam-se do medo e do sentimento de urgência daqueles que olvidaram tanto as leis naturais quanto as leis tribais.

A carta da Formiga na posição contrária também lhe ensina a confiar nas leis naturais. Faça isto, e a harmonia reinará em sua vida, pois, se não o fizer e se deixar dominar pela impaciência e pela ansiedade, o Coiote certamente surgirá em seu caminho, sob o pretexto de ajudá-lo, e acabará comprometendo todos os seus planos para o futuro com as trapaças que lhe são características. Lembre-se de que o único segredo para a vitória consiste em agradecer e louvar o Grande Espírito por todas as múltiplas dádivas que ele não cessa de lhe conceder.

Doninha...
   Doninha...
      Doninha...

Quem está no galinheiro agora?
   Se eu fosse lhe perguntar isto
      Você iria responder que é a Vaca!

33
Doninha
────── DISSIMULAÇÃO ──────

A Doninha é bastante engenhosa e possui muita energia, mas pertencer ao seu totem não é nada fácil. Não é por acaso que as peles do Arminho e da Doninha são empregadas como símbolos distintivos pela realeza. Os ouvidos da Doninha realmente escutam o que está sendo dito e seus olhos são capazes de enxergar através da superfície aparente das coisas para prever os possíveis desdobramentos futuros de um acontecimento, características que constituem preciosos dons.

Os antigos chefes enviaram a Doninha para o acampamento do inimigo, para que ela desvendasse seus segredos, e a Doninha sempre forneceu os relatórios mais acurados sobre os efetivos inimigos, indicando com precisão quais eram seus pontos fortes e seus pontos fracos. Aliás, foi a Doninha que, em lágrimas, advertiu os nativos norte-americanos sobre a chegada do Povo dos Barcos.

— Estes irmãos possuem poderes estranhos — disse a Doninha —, e eles irão tentar nos persuadir de que viver como vivemos é ruim, confundindo-nos com suas vociferações. Eles roubaram o trovão do Pai Céu, aprisionando-o em suas armas. Eles não respeitam nossos irmãos animais, e matam os animais com seu trovão. Eles são muito numerosos e irão roubar tudo o que temos, a não ser nosso espírito, porque farão o trovão falar por eles, estendendo a grande sombra negra do voraz pássaro da morte sobre nosso povo.

O pelo da Doninha muda de cor segundo a estação e tem muitas lições para ensinar. A Doninha é capaz de confundir e lograr até mesmo o Grande Espírito, batendo sua carteira e deixando-o a contemplar desconcertado o próprio umbigo. Se você pertence ao totem da Doninha, certamente possui um agudo senso de observação e é daquele tipo de pessoa que parece estar sempre dizendo: "Deixe-me em

paz e eu farei o mesmo com você." Pode ser inclusive que você venha a
se sentir culpado de tempos em tempos, em virtude das coisas que descobre ao observar a vida. Talvez você seja do tipo solitário ou até mesmo um completo recluso que evita ciosamente a companhia alheia.
Mas você é um poderoso aliado para se ter nos negócios, em virtude
de sua impressionante capacidade de perceber o que os concorrentes
irão fazer em seguida. Pode ocorrer que algumas pessoas venham a
menosprezar seu potencial, pois elas são incapazes de avaliar imediatamente todos os seus talentos, mas na primeira tentativa que fizerem
de lhe passar a perna irão descobrir, da maneira mais dolorosa, que
sua inteligência é muito superior à delas.

Algumas pessoas não apreciam os talentos da Doninha porque
ignoram o fato de que não existem dons nefastos. Todos nós temos
nossos próprios poderes e habilidades, caso contrário não estaríamos
aqui ajudando a curar a Mãe Terra. Use o poder da Doninha para
descobrir as razões ocultas por trás de todas as coisas e de todos os
acontecimentos, e talvez você também possa usar seus poderes para
contribuir para o bem geral. Observe quem ou o que precisa de ajuda
ou atenção e ofereça sua assistência com sua própria maneira discreta
e silenciosa.

CONTRÁRIA

Se a Doninha apareceu em seu jogo na posição invertida, isto é sinal de que alguém está armando um complô contra você. É possível
que alguém esteja empregando as táticas dissimulativas da Doninha
para invadir seu galinheiro. É melhor você trancar bem suas portas e
janelas e vestir sua filha adolescente como uma freira com o fito de
protegê-la. Ou talvez o caso seja outro e você mesmo é quem esteja
mentindo para si próprio a propósito de algo que sabe no íntimo ser
verdadeiro. Pode ser qualquer tipo de mentira, como atacar a geladeira
em plena madrugada e afirmar para si mesmo que ninguém vai dar
por falta de metade de uma torta. Pode ser também que você tenha
batido num carro estacionado e fugido sem deixar um bilhetinho para
o proprietário assinalando que iria assumir o prejuízo. Não cometa

deslizes somente por ter a oportunidade de cometê-los impunemente. Recorde-se de que a honestidade, tanto em relação aos outros quanto em relação a si mesmo, é algo de importância primordial.

Outra mensagem que a carta da Doninha na posição invertida pode estar lhe trazendo é a respeito da necessidade de reconhecer que você tem duvidado de seus próprios sentimentos. A Doninha na posição correta observa todas as ações, todas as coisas e todos os sentimentos com os sentidos claros e aguçados. Já na posição invertida, ela perde gradativamente seus dons de observação até chegar ao ponto de ser incapaz de fazer uma avaliação correta do que quer que seja, o que é bastante perigoso, pois quando você não tem uma consciência precisa sobre quem é você e quais são seus verdadeiros sentimentos, a dúvida torna-se um gigantesco empecilho ao seu progresso. Além disso, quando você se encontra em tal situação, pensamentos paranóicos insinuam-se muito facilmente em seu cérebro, confundindo-o ainda mais.

Se você estiver realmente disposto a corrigir esta distorção, comece por sacudir vigorosamente as dúvidas para fora de sua cabeça e observe o óbvio: ninguém poderá enganá-lo se você souber ser prudente e objetivo. Honre seus próprios conhecimentos e procure as *razões ocultas* que o conduziram ao impasse atual e aja com discrição para erradicá-las de forma definitiva.

Galo Silvestre... da Espiral Sagrada
   Seja meu guia
      Para a cordilheira da eternidade

Onde todos somos um.

34
Galo Silvestre
──── ESPIRAL SAGRADA ────

Antigamente, o Galo Silvestre podia ser encontrado em todo o território dos Estados Unidos, mas agora é muito difícil encontrá-lo, até mesmo nas planícies nas quais ele existia em grande quantidade. Muitas das tribos das planícies realizam a Dança do Galo Silvestre em homenagem a essa ave. Efetuando contínuos movimentos circulares, o Galo Silvestre procura reproduzir o desdobrar de uma espiral – símbolo do túnel acanelado do eterno retorno, pelo qual estamos sempre passando para nascer e renascer, nascer...

A Espiral Sagrada é dos mais antigos símbolos de poder pessoal. Ao empregar a energia do Galo Silvestre, imagine um redemoinho ou mesmo um furacão, para cujo centro você será transportado pela Espiral Sagrada. Esta espiral é a metáfora da iluminação e das visões proféticas pessoais. Muitos dos iniciados em busca de Visões pintam espirais sobre seus corpos por acreditarem que, desta forma, o Grande Mistério irá ajudá-los, proporcionando-lhes visões de poder.

Os dervixes rodopiantes de algumas ordens sub são mestres na dança da espiral e conseguem atingir estados mais elevados de consciência por meio da repetição incessante desse movimento sagrado. Diz-se, inclusive, que os dervixes são capazes de viajar até o centro da espiral para ali obter quaisquer poderes mágicos que ambicionem. Isto ocorre porque no estado de transcendência alcançado pelos dervixes sufis, a pessoa é capaz de penetrar no Grande Silêncio no qual é possível se comunicar diretamente com o Criador. A dança sufi é um sistema que emprega o tratamento ritualístico do movimento para interligar o dançarino com a Divina Fonte. Assim, ao rodopiar no sentido dos ponteiros do relógio, ou na direção oposta, o dervixe consegue atrair as energias que deseja ou repelir aquelas que lhe são nefastas.

Se você tirou a carta do Galo Silvestre, empreenda uma meditação sobre as qualidades do movimento em sua vida. Comece visualizando o Sol como uma estrela entre os muitos milhões de estrelas semelhantes que giram suavemente, em perfeita sincronia, na gigantesca espiral da Via Láctea. Efetue então a fantástica viagem que o conduzirá das imensidões celestiais para as mais ínfimas partículas componentes de seu corpo e perceba que a forma do DNA, que constitui a matriz de seu ser, reproduz em essência, com sua forma de dupla hélice, o aspecto espiralado das galáxias.

Estude sua maneira de mover-se no mundo. Como você se visualiza no ato da locomoção? Que tipo de reação você provoca, que tipo de energia envia para o Universo? Que palavras empregaria para descrever sua maneira de se deslocar no mundo material, como também no mundo espiritual? Finalmente, avalie se os seus movimentos são compatíveis com a concretização de seus maiores anseios e objetivos.

Muitas das disciplinas espirituais solicitam aos seus adeptos que cessem toda a movimentação física externa justamente para que sejam capazes de perceber a existência da vida interior. A energia do Galo SJvestre representa no entanto um convite para a dança. O Galo Silvestre celebra a Fonte Divina por meio da Dança da Espiral Sagrada, oferecendo esta dança para você como um presente. Você pode passar a vida inteira aprendendo a lição do Galo Silvestre, para ser capaz de finalmente sincronizar sua dança com o ritmo da Mãe Terra, à qual você dedica a dança como uma criação de beleza altruística.

CONTRÁRIA

Tirar a carta do Galo Silvestre na posição invertida é indicador de desperdício de energia, assim como de falta de controle ou de disciplina, sendo sinal de uma perda de contato com a Fonte que conduz inevitavelmente a um dispêndio desordenado de energia que deixa a pessoa com a sensação impotente de ter sido tragada por um redemoinho ou arrebatada por um tufão. Tente discernir a confusão, tanto em você quanto nos outros, procurando perceber o que em você está provocando todos estes atritos e todas estas fagulhas que contribuem para convulsionar ainda mais uma situação que necessita de esclarecimento e solução urgentes. Empenhe então seus esforços no sentido de poupar suas forças e direcionar melhor suas ações para objetivos bem definidos, tal como nos ensina a Dança Sagrada do Galo Silvestre.

Se você está tão obcecado por um problema ou por uma ideia a ponto de não conseguir mais raciocinar claramente, isto significa que perdeu a conexão com a realidade física, perdendo-se no traiçoeiro universo das ideias intangíveis. Se isto ocorreu, você precisa recolocar os pés no chão, empregando esta Dança Sagrada como instrumento para corrigir um Galo Silvestre invertido. Assim agindo, você será capaz de encontrar seu centro, fincando melhor seus pés no chão e ligando-se mais profundamente com a Mãe Terra, o que contribuirá para equilibrar o movimento da espiral de sua vida.

Utilize a dança ou a caminhada para entrar em contato novamente com seu próprio corpo e com a Mãe Terra. O Galo Silvestre pode ensiná-lo a perceber como a energia flui para restabelecer a harmonia e o equilíbrio entre o corpo, a mente e o espírito.

Poderoso Cavalo...
    Que traz o poder de correr
        Pelas amplas planícies

Trazendo a visão
    Dos escudos
        Dançando na chuva púrpura do sonho.

35
Cavalo

―――――― PODER ――――――

Roubar cavalos é roubar poder, afirmava um ditado repetido com frequência pelos antigos índios norte-americanos, ilustrando a estima que devotavam ao Cavalo. O Cavalo representa o poder tanto no mundo físico quanto na esfera espiritual e, em diversas práticas xamanistas ao redor do mundo, o Cavalo possibilita que os xamãs voem pelos ares para chegar aos céus.

Quando o Cavalo foi domesticado, a humanidade deu um grande salto, correspondente apenas àquele dado quando o fogo foi dominado. Antes do Cavalo, os seres humanos tinham pouca mobilidade, enormes pesos a carregar, eram lentos. No momento em que montaram no dorso de um Cavalo, tornaram-se tão leves e velozes quanto o vento, além de serem capazes de transportar fardos por longas distâncias com muito mais facilidade. O Cavalo foi o primeiro animal totêmico da civilização, e foi por meio do relacionamento ímpar que estabeleciam com o Cavalo que os humanos primeiro modificaram o conceito que tinham de si mesmos. A humanidade tem uma dívida incalculável para com o Cavalo, pelos novos poderes que ele nos concedeu. A visita de um parente distante pode tornar-se uma longa e difícil caminhada se a pessoa não tiver um Cavalo que o aceite em seu lombo. É extremamente significativo que a potência dos veículos automotores seja ainda hoje avaliada em *cavalos de força,* evocando aquela época em que o Cavalo era um parceiro apreciado e querido da humanidade.

O Andarilho dos Sonhos, um poderoso xamã, estava caminhando pela planície para visitar a nação Arapaho. Ele carregava seu cachimbo, e a pena amarrada em seus longos cabelos negros apontava para o chão, indicando que ele era um homem de boa paz. Até que, ao transpor uma elevação, ele percebeu uma manada de cavalos selvagens correndo em sua direção.

Garanhão Negro aproximou-se de Andarilho dos Sonhos e perguntou-lhe se ele empreendera sua jornada em busca de uma resposta, dizendo-lhe ainda:

— Eu venho do Vazio, onde reside a resposta. Monte em meu dorso e conheça o poder de atravessar as Trevas para encontrar a Luz.

Andarilho dos Sonhos agradeceu o convite do Garanhão Negro e aquiesceu em visitá-lo quando seu poder se fizesse necessário.

A seguir, o Garanhão Amarelo aproximou-se do Andarilho dos Sonhos e ofereceu-se para conduzi-lo ao Leste, onde reside a iluminação, pois assim ele poderia partilhar as respostas que lá encontrasse com os outros, instruindo-os e iluminando-os. Andarilho dos Sonhos agradeceu a Garanhão Amarelo, afirmando que não deixaria de usar os presentes de poder que ele lhe oferecera ao longo de sua jornada.

Garanhão Vermelho então se aproximou, empinando-se alegremente, e falou com Andarilho dos Sonhos a respeito das alegrias contidas no equilíbrio entre o trabalho, o poder e as doces alegrias dos divertimentos. Ele advertiu Andarilho dos Sonhos que prestasse mais atenção àqueles que entremeavam suas lições com o humor. O xamã agradeceu e prometeu-lhe que não se esqueceria de usar sempre o dom da alegria.

Quando Andarilho dos Sonhos já estava próximo de seu destino e já podia perceber ao longe a nação Arapaho, Garanhão Branco destacou-se da manada para permitir que Andarilho dos Sonhos pudesse montá-lo, pois ele era o portador que carregava as mensagens de todos os demais cavalos da manada, representando a sabedoria do poder. Personificação do escudo mágico bem equilibrado, este magnífico Cavalo reitera que *nenhum abuso de poder será capaz de conduzir à sabedoria.* Garanhão Branco disse então ao seu cavaleiro:

— Andarilho dos Sonhos, você empreendeu esta jornada para aliviar o sofrimento de seus irmãos, para partilhar o cachimbo sagrado e curar a Mãe Terra. Você adquiriu a sabedoria por meio da humildade, pois soube reconhecer que é um instrumento do Grande Espírito.

Assim, enquanto eu o carrego em meu dorso, você carrega todo o seu povo em suas costas. Em sua grande sabedoria, você sabe que o poder não é concedido a quem não o merece, mas unicamente àqueles predispostos a empregá-lo com discernimento e equilíbrio.

Andarilho dos Sonhos, o xamã, foi curado e transformado pela visita dos cavalos selvagens e compreendeu que sua missão, ao chegar na nação Arapaho, era a de compartilhar os presentes de sabedoria que recebera ao longo do caminho.

Ao compreender o poder do Cavalo, você irá sentir-se compelido a confeccionar um escudo de equilíbrio. O verdadeiro poder é a sabedoria e esta somente é obtida quando se mantém viva a lembrança de tudo o que ocorreu com você ao longo de sua jornada aqui na Terra. A sabedoria brotará dentro de você quando você se lembrar de jornadas percorridas com outros mocassins. A compaixão, a bondade, o amor, e a disposição em ensinar e compartilhar os dons e os talentos que lhe foram concedidos constituem as verdadeiras sendas para o poder.

CONTRÁRIA

Se você tirou a carta do Cavalo na posição invertida, isto pode ser sinal de que seu ego dominou sua personalidade e talvez você esteja sendo incapaz de perceber que os outros não demonstram qualquer respeito por você. Ou pode ser também que você tenha que se confrontar com pessoas que estão cometendo abusos de autoridade. É possível que esteja se perguntando neste exato momento se não deve reagir de forma violenta, recolocando estas pessoas em seus devidos lugares. Tente recordar-se então daquelas épocas em sua própria vida, durante as quais você perdeu a conexão com o Grande Espírito e cometeu os mesmos desatinos que agora critica nos outros, e saiba ter compaixão por estes irmãos ou irmãs que estão iludidos. Se você está oprimindo alguém ou, ao contrário, sendo subjugado por alguém, a energia do Cavalo – quer a carta tenha saído na posição correta ou na contrária – é a solução ideal para o reequilíbrio de seus escudos, capaz de restaurar sua capacidade de entreter corretas relações humanas.

Ao conscientizar-se de que todos os caminhos são igualmente válidos e permitir que cada um enverede por aquele que lhe parecer mais adequado, você sentirá finalmente o poder e a glória proporcionados pelo profundo sentimento de unidade com a *família da humanidade*. Este é o presente dos Guerreiros e das Guerreiras do Arco-íris. O *eu* não tem lugar neste Rodopiante Arco-íris que estabelece uma ponte direta com o Grande Mistério e só tolera o *nós,* pois nele todas as cores do arco-íris e todos os caminhos desta vida são reconhecidos como expressão da mesma unidade.

Aplique estes conhecimentos e recupere o poder que perdeu ao esquecer o dom da compaixão. Desenrede-se da situação presente e compreenda que todo e qualquer ser humano deverá seguir este caminho para o poder antes de ser capaz de galopar nos ventos do destino.

Lagarto... você sonhará comigo?
Viajaremos juntos por entre as estrelas?

Para além do ponto do espaço-tempo
Desdobram-se visões do incomensurável.

36
Lagarto
— O SONHADOR —

O Lagarto descansava à sombra de uma grande rocha, protegendo-se do sol do deserto. A Cobra aproximou-se, procurando também por um pouco de sombra para abrigar-se e repousar. A Cobra observou o Lagarto durante algum tempo, intrigada com os movimentos rápidos de seus globos oculares por trás de suas pesadas pálpebras cerradas, até que sibilou para chamar sua atenção. O Lagarto descerrou lentamente seus olhos sonhadores e contemplou a Cobra.

— Você me assustou, Cobra, o que você quer comigo? — perguntou o Lagarto.

A Cobra cuspiu então sua resposta com sua língua forquilhada:

— Lagarto, você sempre consegue a melhor sombra para protegê-lo do calor do dia. Essa é a única pedra grande em muitos quilômetros, por que você não compartilha sua sombra comigo?

O Lagarto refletiu durante um momento, concordando em seguida:

— Cobra, você pode dividir esta sombra comigo, desde que vá para o outro lado da pedra e prometa não me interromper.

A Cobra, começando a ficar aborrecida, silvou:

— Como eu poderia incomodá-lo, se tudo o que você está fazendo, é dormir?

Ao que o Lagarto retrucou desdenhosamente:

— Como você é tola, Cobra, eu não estou dormindo, eu estou sonhando!

A Cobra quis saber a diferença entre as duas ações e então o Lagarto esclareceu:

— Sonhar é ir para o futuro. Eu vou para onde reside o futuro. Veja bem, é por isso que eu tenho certeza de que você não irá me devorar hoje. Eu sonhei com você e sei que sua barriga está cheia de ratos.

Abismada, a Cobra redarguiu:

— É verdade, Lagarto, você está certo. E eu que me perguntava por que razão você havia concordado em dividir seu refúgio comigo...

Sorrindo para si mesmo, o Lagarto disse:

— Cobra, você está procurando por uma sombra e eu estou procurando pela escuridão, pois os sonhos moram na escuridão.

O Lagarto lida com o lado sombrio da realidade, no qual os sonhos são reelaborados antes de se manifestarem no plano físico. A energia do Lagarto é a energia dos sonhadores.

Onde quer que os sonhadores fumem ou sonhem com você eles poderão ajudá-lo a ver na escuridão. Esta escuridão pode conter seus medos, seus anseios, ou precisamente a coisa contra a qual você mais se debate, mas que está sempre o seguindo como um cachorro obediente.

Se o Lagarto sonhou com um espaço em suas cartas hoje, é sinal de que talvez seja tempo de descobrir o que anda em seu encalço. São seus medos, seu futuro tentando alcançá-lo, ou é a parte de você que procura esquecer suas fraquezas humanas?

O Lagarto pode estar lhe dizendo para prestar maior atenção aos seus sonhos, tentando decodificar o simbolismo neles contido. Registre seus sonhos num caderno com o maior número possível de detalhes, prestando bastante atenção às ideias ou aos símbolos recorrentes. Se você não conseguir lembrar de seus sonhos ao acordar pela manhã, ajuste o despertador para as duas ou três horas da madrugada para registrar o que for possível. Ou então utilize uma alternativa biológica: beba bastante água antes de se deitar e deixe que sua própria bexiga o desperte no meio da noite. Os sonhos são muito importantes. Preste atenção neles.

CONTRÁRIA

Se você tirou a carta do Lagarto na posição invertida, é muito provável que esteja tendo pesadelos, pois este é um sinal seguro da existência de fortes conflitos interiores. Descubra quais são os sentimentos que estão produzindo estes pesadelos e respire sobre eles, expulsando esses sentimentos negativos de seu corpo. Tente discernir com clareza a mensagem trazida por seus pesadelos. Pode ser inclusive que você esteja se confrontando com seus medos, de forma a não necessitar viver estes pesadelos em seu dia a dia.

Outra mensagem que o Lagarto invertido pode estar lhe trazendo é a de que você pode estar necessitando de mais tempo de sono ou mais períodos de sonho durante seu sono, ou que está carecendo de sonhos mais definidos para seu futuro.

A imaginação é a porta aberta para todas as criações e todas as novas ideias. À medida que você começar a examinar sistematicamente os seus sonhos, perceberá sem dúvida que, na verdade, o que o subconsciente faz durante seu sono é processar *todas* as mensagens nele registradas ao longo dos eventos vividos durante o período de vigília. Essas mensagens podem dizer respeito a sentimentos reprimidos que provocam conflitos interiores, como podem ser também novas ideias e novos objetivos, desejos ou anseios, novas dimensões de conhecimento, premonições de eventos futuros ou sinais de alarme.

Num certo sentido, o Lagarto na posição invertida está insistindo para que você abra sua consciência para as novas experiências, o que é primordial quando a vida se tornou dominada pelo tédio e pela rotina. Por outro lado, o Lagarto contrário também pode ser um sinal de alerta para uma pessoa que esteja sonhando em excesso, mas não esteja sabendo utilizar esses sonhos como *ferramentas* para viabilizar a consubstanciação dessas mesmas visões em suas vidas.

Todos os níveis de consciência e de conhecimento são acessíveis por intermédio dos sonhos. Lembre-se de que a vida não é sempre o que aparenta. Será você o sonhador, ou será você aquele que é sonhado?

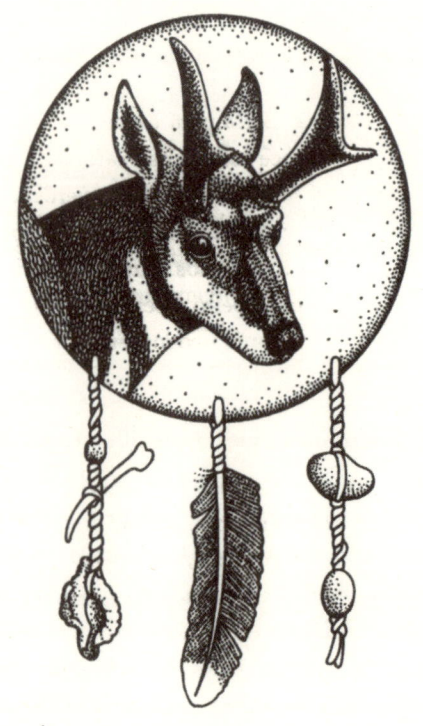

Corra Antílope...
	Ensine-me o ritmo adequado
		Para cada ação.

Rápido!
	Rápido!
		Para que eu possa correr com graça.

37
Antílope

———————— AÇÃO ————————

Quando os tempos estavam apenas começando e a Tribo dos Homens ainda era muito pequena, o Antílope percebeu que os Duas-Pernas estavam nus, famintos e correndo perigo de extinção. Nossos ancestrais iriam certamente desaparecer da Mãe Terra se algo não fosse feito de imediato para impedir isto.

O Antílope reuniu então todos os Duas-Pernas em Conselho e disse-lhes:

— Grande Mistério enviou-me para ensinar-vos uma lição, a lição do *fazer*. Vós deveis aprender que não há razão para ter medo se souberdes o que deve ser feito e começardes imediatamente a fazê-lo.

— E que devemos fazer? — indagaram eles.

— Se vós estais nus e com frio, deveis matar-me e tirar minha pele para vos aquecer. Este é meu presente para vós. Aceitai-o — disse o Antílope.

— Nós faremos isto — responderam os Duas-Pernas —, mas que fazer para combater nossa fome? Estamos famintos, o que podemos fazer para nos salvar?

— Se vós estais famintos, deveis matar-me e utilizar minha carne para saciar vossa fome; ela vos alimentará e vos tornará fortes. Este é meu presente para vós. É parte de meu serviço, parte de meu processo evolutivo. Aceitai-o — esclareceu o Antílope.

O Antílope sabia que a raça humana sobreviveria à Era Glacial caso aprendesse a comer carne. Antes do deslocamento das grandes montanhas de gelo, abundavam as frutas e os vegetais, de forma que os Duas-Pernas não tinham necessidade de comer os corpos das outras criaturas. Os membros dos clãs do Segundo Mundo comeram o Antílope, adquirindo o instinto e a sabedoria dos animais de quatro patas e aprendendo a sobreviver, a não tomar mais do que o necessário e a não cometer desperdícios.

Os humanos assimilaram muito bem a lição do Antílope e foi graças a ela que puderam sobreviver até os dias de hoje. O Antílope ensinou aos humanos a louvar os presentes que lhes foram enviados pelo Grande Mistério e a evitar a destruição indiscriminada e imotivada de toda e qualquer forma de vida.

O Antílope representa a ação intencional. O Antílope é um símbolo da antena constituída por seus cabelos, que o interligam com o Grande Mistério por intermédio de longos fios de luz. Observando o Antílope, você toma consciência de sua própria mortalidade e da brevidade do tempo que lhe foi concedido neste planeta. Tendo isto em mente, você precisa agir de modo consequente, realizando apenas boas ações capazes de agradar ao Grande Mistério. A energia do Antílope é o conhecimento da fugacidade e da circularidade da vida. Tendo consciência da morte, o Antílope pode viver a vida em sua plenitude, pois sabe que a ação constitui a essência da vida.

Os poderes do Antílope foram procurados e empregados pelos xamãs desde a aurora dos tempos. Foram muitos os clãs do Antílope, e o poder das pessoas do totem do Antílope sempre foi muito grande. O Antílope infunde força na mente e nos corações dos membros de seu totem, concedendo-lhes a capacidade de realizar ações rápidas e decididas para fazer com que as coisas sejam concretizadas no mundo físico.

Se você está se sentindo pressionado e encurralado, invoque a energia do "Antílope e ela o orientará a respeito da melhor ação a ser tomada para liberá-lo de seus opressores. Muitas soluções engenhosas para seus problemas lhe serão cochichadas pelo Antílope, mas lembre-se de que mais importante do que saber o que fazer é simplesmente fazê-lo. Deixe-se envolver pela iluminação e pelos conhecimentos secretos do Antílope, combine-os com a ação adequada e você será capaz de superar qualquer obstáculo ou impedimento em seu caminho. Se o Antílope for a sua Árvore Centralizadora e seu totem pessoal, agradeça sempre ao Grande Espírito. Diga aquilo que tem que ser dito, pois seu julgamento será atilado e suas ações serão sempre bem-sucedidas.

Ouça sempre o que o Antílope tem a lhe dizer, pois ele sempre traz uma mensagem concernente aos altos propósitos da existência, concedendo-lhe as forças e os instrumentos de poder indispensáveis à ação em seu próprio benefício, em benefício da família, do clã, da tribo, da nação e, finalmente, da Mãe Terra. O Antílope incita-o a agir com presteza e espírito de decisão, sem ficar eternamente postergando o que precisa ser feito de imediato. Anime-se, pois, se o Antílope saltou para suas cartas, isto é sinal de que o momento de agir é agora, sem mais delongas, porque o poder está com você, o poder é você.

CONTRÁRIA

A carta do Antílope na posição contrária é sinal de que você não está ouvindo nem agindo em consonância com as indicações que lhe são sussurradas pelo Grande Espírito. Talvez você esteja pegando mais do que a parte que lhe cabe. O Antílope na posição invertida o torna louco e briguento, além de indeciso e hesitante. Isto pode estar acontecendo porque você está mentindo para si mesmo e para os outros. Pare de mentir imediatamente e assuma as consequências decorrentes desta mudança de atitude. Deixe de ser convencional e de procurar a aprovação alheia, assuma sua própria autoridade e deixe o coração do Antílope bater forte em seu peito, e você certamente saberá qual o melhor caminho a seguir. Lembre-se de que a mensagem é sempre a mesma: *Faça!* O medo do desconhecido dissipa-se quando a ação começa.

O Antílope na posição invertida pode indicar também que a decisão de começar não pode ser mais preterida. O elemento básico da procrastinação é a falta de convicção. Honrar o destino que você mesmo escolheu é honrar seu compromisso em fazer aquilo que você proclama estar fazendo. Agir em consonância com as próprias convicções é a base da personalidade das pessoas do totem do Antílope.

Três passos são necessários para corrigir o Antílope na posição contrária:

1. Ter o desejo de realizar algo.
2. Tomar a firme decisão de iniciar a ação.
3. Fazer o que tem que ser feito!

Cante, Sapo, cante!
　　Chame as chuvas
　　　　Expulse a seca
　　　　　　Purifique a Terra

Traga novamente a fartura.

38
Sapo
―――― PURIFICAÇÃO ――――

O Sapo canta a canção da chuva que limpa os campos e faz assentar a poeira da estrada. Situado ao Leste na Roda Mágica, o Sapo tem afinidade com a energia da água, ensinando-nos a louvar nossas lágrimas, pois estas purificam nossa alma. Todos os rituais e as invocações envolvendo o uso da água pertencem ao Sapo.

A água purifica nosso corpo, preparando-o para as cerimônias sagradas ao nos colocar em conexão com a pureza primordial intrauterina. Assim como ocorre conosco, que vivemos primeiro no meio líquido do útero, o Sapo também só aprende a saltar e a mover-se em terra firme depois de passar o primeiro estágio de sua vida no mundo da fluidez — a água.

A passagem para a idade adulta concede ao Sapo o poder de invocar as águas do céu — a chuva —, pois como ele conhece bem a água, é capaz de cantar a canção que chama a chuva para a Terra. Quando os rios e os lagos estão secos, o Sapo invoca os Seres-Trovão para enchê-los de água. Devemos aprender com o Sapo a discernir quando é chegado o momento de purificar, refrescar e encher os reservatórios de nossas almas.

Se o Sapo saltou para suas cartas hoje, isto pode significar que você necessita de uma boa limpeza mental. Examine imparcialmente seu estado atual e verifique se não se sente compelido a usar os seguintes termos para descrevê-lo: estressado, sobrecarregado, frustrado, revoltado, nervoso, explosivo, culpado, vazio, desamparado, perdido ou enfraquecido.

Se isto ocorrer, dê uma paradinha e conceda-se o tempo necessário para purificar-se nas águas da energia do Sapo. Saiba dizer *chega*, para ser capaz de recuperar seu fôlego e suas forças. Tire o telefone do gancho, coloque uma boa música e tome um longo e relaxante banho de banheira... Elimine assim todo e qualquer resquício da lama que o está paralisando, purificando-se com a límpida energia da água. Somente desta forma você poderá hidratar de novo seu corpo, sua mente e seu espírito, atualmente tão ressequidos.

Uma das habilidades do totem do Sapo é a capacidade de levar apoio e energia aonde quer que se faça necessário. Uma pessoa deste totem é capaz de purificar qualquer ambiente malsão, razão pela qual muitos dos médiuns e dos videntes que efetuam trabalhos de limpeza em casas "mal-assombradas" trabalham com a magia do Sapo ou são membros de seu totem. Pela mesma razão, muitos videntes costumam molhar suas mãos com água quando empreendem suas jornadas nas outras esferas da realidade, em virtude da natureza supercondutora deste elemento.

Nas práticas xamanísticas dos maias e dos astecas, o xamã costumava encher sua boca de água, cuspindo-a então sobre determinados pontos do corpo do paciente para expulsar assim a energia negativa neles concentrada. Ao fazer isto, o xamã mantinha de forma firme no pensamento a imagem do Sapo, no intuito de viabilizar a cura e o imediato preenchimento do corpo do paciente com energia positiva. Algumas vezes, Sapos secos ou empalhados eram empregados para proteger o corpo do paciente durante o ritual de cura.

A canção da chuva cantada pelo Sapo nos traz mensagens de renascimento e harmonia, sendo que o tom grave do coaxar desses animais é interpretado como um chamado para os Seres-Trovão – o relâmpago, o trovão e a chuva. Ao coaxar, o Sapo coloca seu coração em sintonia com o Pai Céu, solicitando-lhe diretamente as dádivas desejadas. Invoque a magia do Sapo e encontre a paz ao conceder a si mesmo um período de descanso durante o qual você deve evitar qualquer pessoa, qualquer coisa e qualquer lugar que não contribuam para a manutenção de sua serenidade e de seu recém-conquistado estado de harmonia.

CONTRÁRIA

O Sapo mergulhou num lago extremamente lamacento e ficou atolado de costas num monte de lama, do qual não consegue se desvencilhar para poder endireitar-se. Cuidado, pois mais lama ainda pode estar vindo por aí!

A carta do Sapo na posição invertida é indicadora de que você não está conseguindo liberar-se dos entulhos indesejáveis. Lembre-se de que, ao secar, a lama pode ficar dura como pedra, paralisando ainda mais sua vida.

Alguém está sugando sua energia? Você tentou apartar uma briga e acabou levando pancada de todos os lados? Você não consegue se livrar das companhias indesejáveis? *Pare!* Verifique qual é a origem da lama que está maculando o seu cantinho do rio e nade um pouco com o Sapo, pois seus grandes olhos são capazes de enxergar tudo. Mergulhe bem fundo e depois descanse um pouco na relva para aproveitar os benéficos raios de sol e tentar perceber com clareza quem ou o que está drenando sua energia.

Toda e qualquer atividade humana pode tornar-se cansativa com o passar do tempo, de forma que todos nós precisamos nos conceder um período ocasional de descanso. A carta do Sapo na posição invertida pode estar prevenindo de que é chegada a hora de um desses momentos de repouso, ou pode ser, também, que ela esteja prenunciando um período em que você irá se sentir *inundado*. Se você está sentindo-se desta forma, isto quer dizer que está lidando com um excesso de emoções ou de sentimentos ou, ao contrário, que permitiu que uma única ideia o obcecasse, fazendo transbordar sua mente e expulsando todas as outras ideias ou atividades de sua vida. Se isto estiver ocorrendo, é indicador seguro da necessidade de um imediato período de descanso e renovação.

A negatividade toma conta quando você recusa a si mesmo o espaço e o tempo necessários para adquirir um novo ponto de vista. O Sapo na posição contrária é um presságio de desastre iminente caso você não dê uma parada para inebriar-se com o aroma dos lírios, comer algumas moscas, nadar um pouco no lago, "pegar um solzinho" na relva e coaxar o canto da chuva para que esta possa lavá-lo e trazer a plenitude ao seu espírito.

Cisne...
    O poder da mulher
        Penetrando o Espaço Sagrado

Tocando o futuro
    Ainda por acontecer
        Trazendo a graça eterna.

39
Cisne
―――― GRAÇA ――――

O pequeno Cisne voou através da Dimensão dos Sonhos à procura do futuro. Deteve-se um instante para descansar nas águas de um lago enquanto tentava descobrir uma forma de encontrar o ponto de entrada para o futuro. O Cisne sentia-se confuso, pois tinha consciência de que havia penetrado na Dimensão dos Sonhos de forma totalmente casual, logo na primeira vez em que tentara voar sozinho, e a paisagem da Dimensão dos Sonhos o intimidava bastante.

Quando o jovem Cisne olhou para o céu, acima da Montanha Sagrada, assombrou-se com a visão do maior buraco negro turbilhonante que jamais vira. Percebendo então a Libélula voando em sua direção, o Cisne pediu-lhe informações acerca do buraco negro. A Libélula respondeu-lhe:

— Veja bem, Cisne, esta é a entrada para outros níveis da imaginação, da qual sou a guardiã há muitas e muitas luas. Se você quiser atravessá-la, terá que pedir expressamente por isto, mas só poderá fazê-lo se realmente merecer tal privilégio.

Apesar de não ter muita certeza de que desejava penetrar no buraco negro, o Cisne ainda assim perguntou à Libélula o que era necessário fazer para conquistar este direito. E a Libélula lhe disse:

— Você deve estar predisposto a aceitar tudo o que o futuro lhe reservar, sem tentar modificar os planos do Grande Espírito.

O pequeno Cisne olhou para seu feio corpinho e retrucou:

— Eu me submeterei de bom grado aos desígnios do Grande Espírito. Não lutarei contra as correntes do buraco negro; vou entregar-me ao fluxo da espiral e acreditar em tudo aquilo que me for mostrado.

A Libélula ficou muito satisfeita com a resposta do Cisne e fez com que a ilusão do lago se dissipasse. De repente, o pequeno Cisne foi sorvido por um irresistível redemoinho no meio do lago. O Cisne só reapareceu muitos dias mais tarde, mas agora estava muito diferente, era um Cisne gracioso, exibindo seu longo pescoço e as penas de uma alvura imaculada. A Libélula surpreendeu-se:

— Cisne, o que aconteceu contigo? — exclamou ela. O Cisne sorriu e disse:

— Libélula, eu aprendi a submeter meu corpo ao poder do Grande Espírito e fui levado daqui até o local no qual o futuro reside. Dali pude perceber muitas maravilhas acima da Montanha Sagrada e, por causa de minha fé e minha aceitação integrais, fui transformado. Aprendi a aceitar o estado de graça.

A Libélula ficou muito feliz com o que ocorreu com o Cisne. E este falou-lhe então a respeito das maravilhas que se ocultam atrás das ilusões. Ele fora capaz de penetrar na Dimensão dos Sonhos em virtude de sua pureza e de sua capacidade de aceitar e compreender os planos do Grande Espírito. É isto que o Cisne nos ensina: a nos rendermos à graça do ritmo do Universo e a abandonarmos nosso corpo físico para penetrarmos na Dimensão dos Sonhos. A energia do Cisne nos torna capazes de transitar por todos os planos da consciência e a acreditar firmemente na proteção do Grande Espírito.

Se você tirou a carta do Cisne, isto indica uma alteração em seu estado de consciência que redundará no desenvolvimento da intuição. As pessoas do totem do Cisne possuem o poder de prever o futuro, de aceitar plenamente o poder do Grande Espírito, e as consequentes dádivas e transformações que ocorrerão inexoravelmente em suas vidas.

O Cisne o está aconselhando a aceitar seus poderes premonitórios. Caso você esteja oferecendo resistência ao seu processo de autotransformação, relaxe, flutue. Tudo se torna bem mais fácil quando aprendemos a nos deixar levar pela correnteza. Aceite o fato de que você já sabe quem está lhe telefonando antes mesmo de tirar o telefone do gancho para atender à chamada. Preste mais atenção aos seus próprios palpites e intuições, agradecendo e honrando o aspecto intuitivo, feminino, do seu ser.

CONTRÁRIA

Se você tirou a carta do Cisne na posição invertida, isto significa um lembrete para que você agradeça a tudo aquilo que sabe e deixe de negar os seus próprios sentimentos. Talvez você esteja atravessando um daqueles períodos em que a gente vive esbarrando nos móveis e esquecendo o que ia dizer bem no meio da frase... Se este é o caso, é sinal de que você não está equilibrado e de que não está com os pés no chão. Comece a pular no mesmo lugar, segurando a sua própria cabeça, pois isto o ajudará a entrar novamente em contato com a Terra, evitando que você fique com a cabeça sempre no mundo da lua sem saber direito o que está acontecendo ao seu redor. Banhos de descarrego também são bons, assim como praticar a jardinagem ou andar com os pés descalços no chão de terra ou na areia da praia.

Em qualquer destes casos, o Cisne na posição contrária sempre indica que você precisa prestar mais atenção ao seu corpo. É como se você estivesse voando sem possuir um brevê de pilotagem e fosse incapaz de perceber quando estava decolando ou aterrizando. Não discernir claramente a mudança do lado esquerdo para o lado direito do cérebro é normal quando alguém está evoluindo espiritualmente. Isto tudo faz parte do desenvolvimento do lado intuitivo de sua natureza, e indica que você ainda não está ciente de sua entrada num novo nível de consciência. Quando desenvolvemos nossa mente, embarcamos em direção a um território no qual imperam regras e leis diferentes daquelas às quais estamos habituados. No inundo do Espírito, você tem que prestar muita atenção ao invisível. Você pode ter sensações ou sentimentos diferentes dos habituais, mas isto ocorrerá de modo gradual, para que você possa se habituar, aos poucos, a estas mudanças. Entretanto, pode ocorrer que você sinta essas mudanças de modo inesperado, em meio às suas atividades corriqueiras, o que poderá deixá-lo apreensivo. Mas isto ocorre somente quando a pessoa não está perfeitamente sintonizada com a Mãe Terra.

Existem as seguintes soluções para corrigir a influência do Cisne na posição contrária:

1. Aproxime-se mais da natureza, andando de pés descalços sobre a terra e tocando as árvores, as folhas e as flores.
2. Fixe-se em apenas uma realidade. Se você estiver sendo chamado para a Dimensão dos Sonhos, pare tudo o que estiver fazendo, sente-se em silêncio e tente esvaziar a mente para ficar apto a receber as mensagens que lhe estão sendo transmitidas.
3. Se você estiver apenas preocupado, sonhando acordado ou desligado, precisa executar alguma atividade física para concentrar sua mente. Use o lado racional de seu cérebro para executar alguma tarefa bem objetiva ou elabore uma lista de tudo aquilo que você precisa fazer há tanto tempo mas está sempre adiando, pois isto ajudará a silenciar o incessante falatório interior que está confundindo seu cérebro.

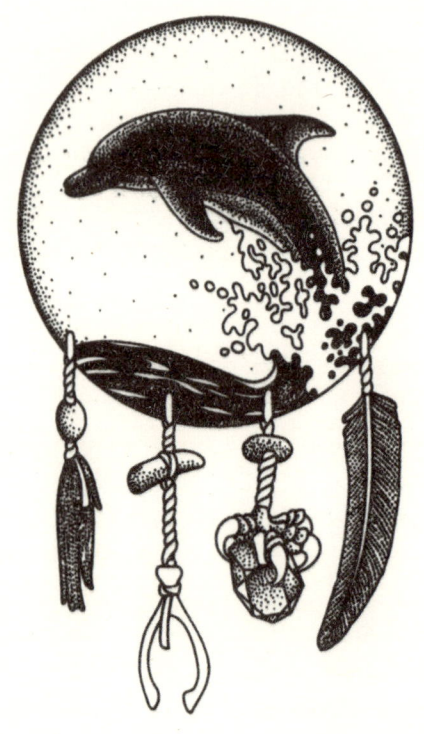

Golfinho...
    Respire comigo.
        Sopro Divino
           Maná do Universo
                Na Unidade nos entrelaçaremos.

40
Golfinho

—————— FORÇA VITAL ——————

O Golfinho nos fala do sopro da vida, a única coisa da qual nós só podemos prescindir por uns poucos minutos. Nós podemos viver vários dias sem comida ou mesmo sem água, mas o oxigênio é a base indispensável de nossa subsistência. Assim, se mudarmos o padrão e o ritmo de nossa respiração, seremos capazes de nos comunicar com qualquer outra forma de vida. Esta mudança de ritmo também nos permite entrar em contato com nossos próprios ritmos pessoais internos, bem como com a energia emanada do Grande Espírito.

O Golfinho é o guardião do sopro sagrado da vida que nos ensina a modular nossas emoções pelo ritmo de sua respiração. O Golfinho cria seu próprio ritmo vital ao nadar em meio às ondas, emergindo a intervalos regulares para respirar e submergindo novamente, mantendo o fôlego enquanto permanece sob a água. Quando o Golfinho emerge outra vez, expele o ar de forma vigorosa, como o espoucar da rolha de uma garrafa de champanhe. Nós também podemos empregar a mesma técnica para expelir nossas tensões e obter o relaxamento total antes de penetrarmos no silêncio para meditar.

O maná é a força vital, a essência do Grande Espírito, presente em cada átomo. O Golfinho nos ensina a usar a vida contida no maná por meio de nossa respiração, o que revitaliza cada célula de nosso corpo, rompendo os limites e expandindo as dimensões da realidade física de modo a nos facultar o acesso à Dimensão dos Sonhos.

Certa vez o Golfinho estava viajando pelos oceanos quando encontrou a Vovó Lua tecendo o padrão das marés. Vovó Lua aconselhou-o então a aprender os ritmos que ela havia concebido, para que o Golfinho pudesse abrir o lado feminino de sua personalidade para sua luz prateada. O Golfinho passou então a nadar no ritmo das marés da Vovó Lua, aprendendo assim a respirar de uma forma inteiramente diferente. À medida que o Golfinho continuou a usar este novo ritmo, ele foi capaz de penetrar na Dimensão dos Sonhos, percebendo então uma realidade inteiramente diferente naqueles mesmos mares que ele pensava conhecer tão bem.

O Golfinho descobriu cidades submersas na Dimensão dos Sonhos e foi agraciado com o dom de compreender e falar a língua primordial. Essa *nova linguagem* era a linguagem dos sons que a Aranha trouxe da Grande Nação das Estrelas. O Golfinho aprendeu que toda forma de comunicação tem um ritmo e um padrão bem definidos e esse novo aspecto da comunicação era o som, que o Golfinho passou a empregar desde então. O Golfinho retomou ao oceano da Grande Mãe, onde ficou muito triste, até que a Baleia se acercou dele e lhe disse que ele poderia voltar para ser o mensageiro dos habitantes da Dimensão dos Sonhos todas as vezes em que ele sentisse o ritmo e usasse a respiração adequada. O Golfinho recebeu então uma nova tarefa, a de ser o mensageiro de nossos progressos. Isto porque os habitantes da Dimensão dos Sonhos estavam curiosos acerca da vida dos Filhos da Terra, desejando que evoluíssemos para ficarmos em consonância com o Grande Espírito.

Se o Golfinho apareceu para você hoje, nadando entre as ondas de seu jogo, é sinal de que você está predestinado a ser o elemento de ligação capaz de oferecer alguma solução para os problemas dos Filhos da Terra. Pode ser um período no qual você estará mais sintonizado com os ritmos da natureza e em maior conexão com o Grande Espírito, trazendo respostas tanto para as suas indagações quanto para as dos demais. Esta carta adverte-o para a necessidade de prestar mais atenção aos ritmos de seu corpo e aos padrões de energia que lhe são enviados pelo Criador. Faça como o Golfinho e cavalgue as ondas do riso, espalhando alegria pelo mundo. Respire e usufrua do maná que lhe é tão generosamente ofertado. Destrua toda e qualquer barreira que o esteja impedindo de entrar em contato com a Dimensão dos Sonhos ou com a Grande Nação das Estrelas. Lembre-se de que somos apenas um aos olhos do Eterno.

CONTRÁRIA

Se a carta do Golfinho apareceu na posição invertida, saiba que você está se esquecendo de respirar corretamente. Você pode estar estressado e seu corpo necessitando de maná. Pode ser que esteja exaurindo seu corpo e suas células, apesar de todos os suplementos vitamínicos que possa estar tomando, porque seus ciclos vitais estão totalmente fora de compasso. Preste muita atenção à sua saúde e aos seus sentimentos. Se você estiver no limite ou apenas tenso, tire um tempinho para respirar e relaxar, permitindo que a força vital penetre de novo em seus músculos. Tente esvaziar bem os pulmões, para retirar o ar viciado acumulado na parte inferior dos mesmos, e preencha então seu sistema respiratório com o maná regenerativo. Respire com o diafragma e encha totalmente seus pulmões; exale então a partir do peito para o ventre, deixando seu corpo relaxar inteiramente à medida que você expele o ar.

Outra mensagem do Golfinho na posição contrária é a de que seu sonar pode não estar captando os muitos sinais que nos são enviados pelas ondas e marés universais. Para ser capaz de detectar os padrões dessas ondas, você terá que se sincronizar outra vez com os ritmos naturais de seu corpo e usar a respiração do Golfinho para obter a conexão com a sabedoria e os sinais universais.

O Golfinho está sugerindo que você mergulhe bem fundo para brincar entre os recifes de coral e descobrir a beleza do ritmo respiratório.

Baleia...
　　　Você conheceu todos
　　　　　Os poderosos oceanos.
　　　　　　　O segredo dos tempos pretéritos
　　　　　　　　　Pode ser ouvido em seu chamado.

Ensine-me sua linguagem
　　　Para que eu possa compreender
　　　　　As raízes da história
　　　　　　　Da gênese de nosso mundo.

41
Baleia
──────── RECORDAÇÃO ────────

A Baleia assemelha-se a uma biblioteca submarina, pois é a guardiã da história da Mãe Terra, introduzida em nosso mundo pelos antigos habitantes da Estrela do Cachorro – Sirius.

Segundo os biólogos, a Baleia é um mamífero que possivelmente viveu em terra firme milhões de anos atrás. Segundo as tradições indígenas, a Baleia imigrou para o oceano no momento em que a Terra se fendeu submergindo o continente de Lemúria. Todas as nossas gravuras rupestres falam da Terra Primeva, Mu, e do desastre que trouxe a raça vermelha do oeste para a América do Norte, sobre as grandes águas. Os símbolos nessas gravuras primitivas falam dos rios e das montanhas que foram atravessados por nossos antepassados à medida que tentavam se refugiar num terreno seco quando as águas recuaram.

A Baleia assistiu aos acontecimentos que levaram ao surgimento da ilha da Tartaruga – a América do Norte – e mantém vivos os registros da existência da Terra Primeva. Segundo as profecias, Mu emergirá novamente quando o fogo cair do céu sobre outro oceano na Mãe Terra. Os índios norte-americanos aguardam por este evento como o sinal do início de uma nova mudança na Terra. As Crianças da Terra terão que se unir, aceitar e louvar todas as raças para serem capazes de sobreviver.

As pessoas do totem da Baleia têm em seu código genético um elemento que as permite captar outras frequências sonoras que trazem registros e lembranças dos antigos conhecimentos. De modo geral, elas são clariaudientes, sendo capazes de ouvir tanto as frequências muito altas quanto as muito baixas. Elas também são telepatas e bem desenvolvidas do ponto de vista físico. Entretanto, acontece com frequência que elas sejam totalmente inconscientes de seus próprios dons, até que o momento de usar esses conhecimentos armazenados se apresenta. Muitas pessoas do totem da Baleia são capazes de ligar-se com a mente universal do Grande Espírito, sem ter a mínima ideia de como conseguem fazê-lo. Somente mais tarde, quando recebem a confirmação de seus dons, é que passam a saber como e por que recebem essas impressões.

A energia da Baleia nos ensina a usar sons e frequências para equilibrar nossos corpos emocionais ou curar nossos corpos físicos. A razão pela qual o tambor do xamã é capaz de proporcionar a paz ou a cura é precisamente porque ele se alinha com a energia da Baleia. O tambor reproduz as batidas do coração universal, sintonizando-se de coração a coração com todos os seres vivos. Antes do advento da fala e da linguagem primordial, a maioria das tribos permanecia em silêncio a maior parte do tempo, comunicando-se apenas por sinais manuais. A única linguagem que era compreendida era a dos sons das outras criaturas do Grande Espírito – os animais.

Se você tirou a carta da Baleia, isto indica que está sendo instigado a examinar estes registros, e a permitir-se ser cantado por aqueles que detêm as chaves da linguagem original. Nós somos as únicas criaturas que não têm um chamado específico. Encontre os seus e permita, então, à sua voz empregar esse som para aliviar suas tensões e expulsar as energias negativas. A Baleia pressagia um período no qual você precisa encontrar os sons que o tomarão capaz de retomar às suas origens para ter acesso aos arquivos secretos pessoais e aí descobrir qual é o seu destino, tal como está registrado em seu DNA. Você nunca será o mesmo depois disto, pois, afinal de contas, você é a melodia do Universo e a harmonia é a música das outras criaturas. Ao empregar sua voz para abrir a memória, estará expressando sua individualidade e seu som pessoal. Na medida em que você se abrir para essa individualidade, os animais dos nove totens poderão enviar seus gritos e apelos para você ou através de você. Isto irá abrir seus arquivos pessoais de forma a permitir futuras explorações da história de sua alma e a comunhão com a Baleia, que é portadora da história de todos nós.

CONTRÁRIA

Se a Baleia está em seu jogo na posição invertida, isto é sinal de que você não está empregando corretamente seu sonar ou seu senso de direção. Em algum momento, esqueceu-se de que detém em si mesmo todas as informações de que precisa para sobreviver, crescer, e reivindicar o poder do destino que você escolheu.

Talvez não esteja conseguindo *acessar* os arquivos de sua mente em virtude do constante alarido e da balbúrdia que nela imperam. Se for este o caso, talvez você precise empregar outros sons para ser capaz de penetrar no silêncio. O tambor, o chocalho, a flauta indígena ou os sons da natureza podem ser de grande ajuda. O apelo da Baleia é a canção de ninar das marés. Deixe-se embalar docemente, e flutue em direção ao mundo do mar. Bóie nas águas do tempo e colha aí suas respostas são estas as únicas verdades que o guiarão para sua senda pessoal de sabedoria.

A Baleia na posição invertida está dizendo que você precisa *querer* saber. Precisa procurar a canção da Baleia dentro de si, pois, ao ouvir o chamado da Baleia, será capaz de se comunicar com os Anciões no nível de sua própria estrutura celular. Então, à medida que você for relaxando ao sabor do ritmo dessa canção, começará a pesquisar em seu próprio arquivo pessoal. É possível que isto não aconteça de imediato, de uma única vez, mas, com a prática e a firme manutenção em seu coração do desejo de saber, você receberá este presente da Baleia. Quando o obtiver, não se esqueça de erguer os olhos para a Grande Nação das Estrelas, enviando para Sirius sua gratidão pela dádiva da canção da Baleia.

Morcego sagrado... venha a mim
  Das trevas da caverna.
    Das entranhas da Terra
      Traga as respostas certas.

Nascer, morrer, renascer
  São ciclos de uma mesma vida...
    Um eterno recomeço,
      A jornada da alma.

42
Morcego
—— RENASCIMENTO ——

Para as culturas Asteca, Maia, Tolteca e Toluca, o Morcego é o símbolo do renascimento, pois assim como os budistas acreditam na reencarnação, os índios da América Central também creem que estamos sempre renascendo.

O Morcego sintetiza o conceito da morte xamanística, o ritual no qual o xamã sofre uma morte simbólica que o transporta para uma dimensão superior do conhecimento, na qual ele aprende os segredos dos rituais de cura. Esta morte simbólica assinala o rompimento do xamã com sua antiga personalidade profana, constituindo uma etapa obrigatória anterior à iniciação propriamente dita, que irá lhe conceder o direito de curar e de ser chamado de xamã. A maioria desses rituais é bastante violenta, tanto para o corpo quanto para a mente e o espírito, de forma a descartar os candidatos sem condições reais de tomarem-se xamãs. Aliás, pelos padrões atuais, dificilmente seria possível encontrar alguém disposto a sofrer as duras provas do ritual de iniciação e sair dele com o juízo perfeito.

A ideia básica dos antigos processos iniciáticos era a de destruir o conceito do *eu* – a personalidade mundana – do candidato a xamã. Isto implicava brutais testes de força e de resistência física, de capacidade psíquica e de equilíbrio emocional. Os candidatos eram duramente insultados e molestados, sendo comum receberem cusparadas e sofrerem outros abusos semelhantes para que rompessem a identificação com o ego que deveriam abandonar a fim de tomarem-se xamãs. A etapa final da iniciação implicava ser enterrado vivo durante um dia inteiro, após o que o candidato deveria renascer sem seu antigo ego na manhã seguinte.

Esse ritual assemelha-se muito com a *noite do medo* praticada pelos índios da ilha da Tartaruga. Nele, o candidato a xamã era enviado para algum local ermo, onde deveria cavar sua própria sepultura, dentro da qual deveria passar toda a noite no ventre da Mãe Terra totalmente só, com a cova protegida apenas por um cobertor. A escuridão total e os ruídos provocados pelos animais caçando rapidamente confrontavam o iniciado com seus próprios medos.

Assim como a escuridão da tumba tem sua razão de ser neste ritual, também a caverna do Morcego tem um significado profundo. Pendurar-se de cabeça para baixo é uma metáfora para a eliminação de seu antigo ego, propiciadora do renascimento como um novo ser, evocando a posição adotada pelos bebês no momento de deixarem a proteção do ventre materno, emergindo para uma nova vida no mundo exterior.

Se o Morcego apareceu em seu jogo, isto indica a necessidade de algum tipo de morte ritualística, envolvendo o abandono de um padrão de comportamento que não corresponde mais ao seu nível de evolução espiritual. Isto pode implicar abandono de velhos hábitos comportamentais e assumir novas responsabilidades ou uma nova função na vida, que o preparam para um renascimento ou, em casos mais raros, até mesmo para um processo iniciático. Seja como for, o Morcego sempre assinala a morte de uma parcela de seu ser e o renascimento de outras partes de si mesmo. Se você resistir a esse processo, esta poderá ser uma longa, lenta e dolorosa morte, mas, se não oferecer resistência ao seu próprio destino, o processo poderá ser menos penoso. O Universo está sempre lhe pedindo para crescer e assumir seu futuro, mas para ser capaz de fazê-lo é preciso que você enfrente a morte xamanística.

CONTRÁRIA

Se o Morcego ainda estiver dependurado de cabeça para baixo na escuridão da caverna, você está confrontado com sua energia inversa. Esta posição conduz à estagnação do espírito e à recusa em aceitar o próprio destino, que implica sempre, necessariamente, plena utilização dos talentos com os quais você foi agraciado. Algum acontecimento levou-o a renegar seu desejo de criar? Se isto ocorreu, olhe em volta e procure as causas desta estagnação para eliminá-la e renascer com seu potencial criador intacto.

O Morcego na posição invertida também pode estar indicando uma reversão do ciclo natural de sua vida, durante a qual você está tentando conduzir sua vida segundo conceitos antiquados e inadequados. O que você está tentando fazer agindo assim é uma espécie de nascimento às avessas, tentando passar novamente por um canal que não comporta mais sua estrutura atual. Este tipo de comportamento antinatural pode inclusive causar a morte física, pois a tendência natural da vida é seguir sempre em frente, para um estágio superior de amadurecimento físico, mental e espiritual, nunca para trás. Lembre-se do ditado segundo o qual é *impossível banhar-se duas vezes nas águas de um mesmo rio* e abandone o beco sem saída no qual você se refugiou com medo de inimigos e obstáculos que existem apenas em sua imaginação, pois se permanecer tempo demais escondido pode ter a surpresa desagradável de descobrir que todas as boas oportunidades de sua vida passaram sem que você as aproveitasse.

O Morcego na posição invertida o adverte para a necessidade de usar sua coragem, sua força e sua determinação para facilitar esse renascimento capaz de proporcionar seu crescimento antes que todos os sonhos murchem e apodreçam dentro de você. Entregue-se a essa nova vida que você concebeu em sua mente e em seu coração e caminhe corajosamente em direção a essa esplendorosa alvorada.

Se você está preocupado apenas com o presente e seu futuro imediato, tente ver mais além, pois os ensinamentos tribais explicam claramente que somos responsáveis pelo futuro das novas gerações, visto que somos os ancestrais do futuro. Tudo o que você fizer hoje afetará as próximas sete gerações. Toda decisão, e até mesmo todo pensamento, colabora para criar um estado de estagnação ou de renascimento para aqueles que o sucederão na Boa Estrada Vermelha. Se você estiver bloqueando a si mesmo, poderá estar bloqueando as futuras gerações.

Morcegos voam à noite e seus sonhos nascem à noite. São estes sonhos que constroem as gerações futuras; alimente-os bem, portanto.

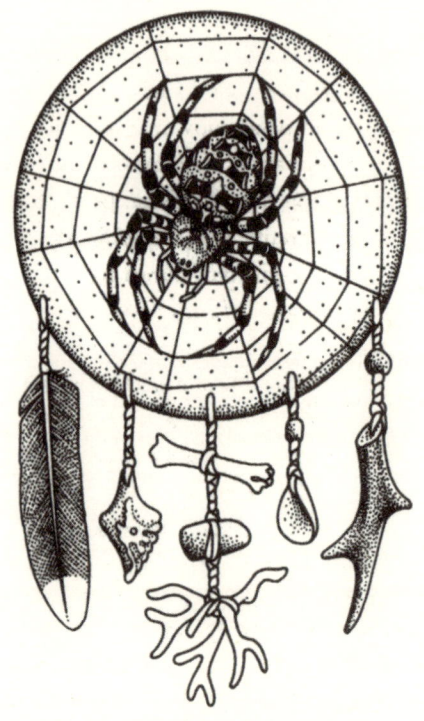

Aranha... tecendo uma teia deslumbrante
Teça para mim um mundo pacífico.
A criação está entrelaçada em sua teia
Esperando apenas ser desenredada!

43
Aranha
──────── TECEDURA ────────

A Aranha teceu a teia que proporcionou aos humanos a prefiguração do alfabeto, que utilizou os ângulos de sua teia para formar as letras.

A Corça perguntou à Aranha o que ela estava tecendo e por que as linhas que ela desenhava se pareciam com símbolos; e a Aranha respondeu:

— Faço isto, porque é chegada a hora dos Filhos da Terra aprenderem a registrar os progressos por eles obtidos em sua Jornada na Terra. — Mas eles já registram suas experiências por meio de imagens retrucou a Corça.

— Sim — disse a Aranha —, mas os Filhos da Terra estão ficando mais complexos e as gerações futuras precisam saber mais, pois serão incapazes de decifrar os petróglifos.

Foi assim que a Aranha teceu o alfabeto primordial, da mesma forma que havia tecido também o sonho do mundo que se manifestara na realidade concreta milhões de anos atrás.

A Aranha simboliza as infinitas possibilidades da criação. Suas oito patas representam os quatro ventos da mudança e as Quatro Direções da Roda de Cura, e seu corpo tem o desenho do número oito, com duas formas ovais interligadas pela cintura. A Aranha tece o destino daqueles que caem em sua teia e tornam-se seu jantar. Isto acontece com muitos seres humanos, que caem na teia da ilusão do mundo físico e são incapazes de *ver* o que existe além do horizonte, em outras dimensões.

A teia da fatalidade também representa a roda da vida que não permite alternativas ou escapatória. É um erro tipicamente humano ser aprisionado na polaridade entre a boa ou má sorte, sem a consciência de que podemos modificar o próprio destino sempre que desejarmos.

Se não tivermos a convicção para mudar aquilo que nos foi destinado, acabaremos certamente consumidos por nossos próprios medos e limitações.

A Aranha é a manifestação da energia feminina da força criadora que tece os belos desenhos da vida, e sua teia possui centenas de intrincados padrões que capturam a luz do alvorecer.

Se a Aranha caiu de sua teia em seu jogo hoje, ela o está intimando a criar, criar, criar! Procure novas alternativas para seu impasse atual, pois você pode estar olhando de perto demais para uma situação excessivamente emaranhada. Tente distanciar-se um pouco do problema e perceberá a solução ideal com mais clareza e rapidez. A Aranha pode estar lhe sugerindo a redação de um diário, no qual poderá registrar seus progressos cotidianos de modo a não esquecer como está criando uma nova e mais rica fase em sua existência.

A Aranha sempre traz uma mensagem inovadora quando ela percebe que você está emaranhado demais em seus próprios planos ou problemas, tomando-se assim incapaz de enxergar novas oportunidades muito mais interessantes que se apresentam a você. Se este for o caso, a Aranha poderá estar chamando sua atenção para o fato de que algo que você teceu há tempos produziu resultados satisfatórios. Parabéns! A Aranha o advertiu a tempo, impedindo-o de esquecer de colher os frutos de seu próprio labor.

Contudo, a mensagem mais importante da Aranha é a de que você é um ser infinito que continuará a tecer o padrão de suas vidas sucessivas ao longo da infinitude do tempo. Abra sua mente e reconheça a incomensurável grandeza dos planos do Criador.

CONTRÁRIA

O aspecto contrário da Aranha é equivalente ao aspecto negativo da mulher. A Aranha é capaz de comer o próprio parceiro quando se torna excessivamente vaidosa e autocentrada, a ponto de desprezar a contribuição da energia masculina. Lembre-se de que o guerreiro ao seu lado representa uma poderosa força de equilíbrio. Se você está desdenhando seu parceiro – quer seja ele homem ou mulher –, sentindo-se muito superior a ele, isto é sinal de que não está reconhecendo e louvando a parcela oposta – masculina ou feminina – de seu próprio ser.

Se você não está envolvido atualmente numa relação amorosa, pode ser sinal de que escolheu alguém de sua família ou de suas relações de amizade para espezinhar. Conscientize-se de que este tipo de crítica negativa só serve para destruir seus relacionamentos e não reflete os defeitos dos outros, e sim alguma característica de sua própria personalidade que você detesta em nível subconsciente. Se você decidiu alimentar seu ego desta forma, será certamente o único perdedor desse joguinho traiçoeiro, pois você está preso na teia de suas próprias ilusões a respeito de si mesmo. Tente descobrir o que o está enfraquecendo a ponto de torná-lo tão crítico e destrutivo.

Se isso não se aplicar ao seu caso, pode ser que a mensagem que a Aranha na posição contrária esteja lhe transmitindo seja outra: falta de criatividade. Se você demonstrou ser incapaz de usar sua criatividade para tecer a própria teia, sua falta de criatividade pode ter se transformado em espírito destrutivo. Se está se sentindo estagnado e incapaz de mover-se numa direção positiva, você acaba fatalmente ficando ressentido e invejoso daqueles que estão indo bem. Este ressentimento vai se transformar na Aranha Viúva Negra que o irá devorar, e o único culpado disto será unicamente você. Mova-se, encontre alegria e estímulo no sucesso alheio e use os exemplos desses campeões em seus respectivos campos de atuação como inspiração para que você teça sua própria teia deslumbrante. Observe a teia da Aranha e saiba extrair prazer das ideias que você recebe da linguagem universal.

Beija-flor...
    Pequeno amigo feliz
        Caçador de néctar.

O amor que você distribui
    Contém a doçura
        Das mais belas flores.

44
Beija-flor
ALEGRIA

O Beija-flor tem ligação com a religião da Veste Fantasma, que afirma que uma certa dança ritual corretamente executada é capaz de eliminar a presença do homem branco e propiciar o retorno dos animais por ele exterminados, o que significaria também a volta da felicidade perdida para o Povo Original – os índios. Nos ensinamentos maias, o Beija-flor é associado ao Sol Negro e ao Quinto Mundo, pois ele pode nos proporcionar a cura do contraditório mistério da dualidade que dilacera o ser humano.

O Beija-flor canta numa vibração de pura alegria, que desperta a energia das flores. As flores amam o Beija-flor porque sabem que o ato de sugar o néctar está relacionado com o processo reprodutivo das flores, colaborando com a reprodução de suas diferentes espécies.

O Grande Espírito criou o Beija-flor de uma forma diferente daquelas das demais criaturas aladas. É por isso que o Beija-flor é o único pássaro que pode voar em todas as direções – para cima, para baixo, para os lados e para trás –, conseguindo ainda manter-se imóvel num único ponto, como se estivesse paralisado em pleno voo.

Em virtude dos poderes mágicos de suas penas, estas têm sido empregadas há séculos para a realização de sortilégios de amor, pois têm a capacidade de abrir os corações e despertar o amor como nenhuma outra coisa no mundo é capaz. Sua mensagem é a de que, sem um coração aberto e amoroso, você jamais poderá degustar o néctar e a bem-aventurança da vida. Para as pessoas do totem do Beija-flor, a vida é uma viagem encantada numa terra de sonho, na qual voejam de flor em flor, degustando todas as essências, apreciando todos os perfumes e refletindo todas as nuanças cromáticas.

Se você pertence ao totem do Beija-flor, você ama a vida e suas alegrias, espalhando a felicidade onde quer que vá. Você possui ainda a rara capacidade de reunir as pessoas em relacionamentos que extraem de cada um o melhor que eles têm a oferecer. Você sabe exatamente onde reside a beleza e, independente da distância que o separa dela, está sempre rumando em sua direção. Você passa pela vida com elegância e desenvoltura, construindo em torno de si uma atmosfera agradável que ajuda os demais a terem acesso ao néctar da vida. O Beija-flor é o portador do arco de beleza, delicadamente incrustado com ouro, pérolas e pedras preciosas, repudiando a feiúra, a discórdia e a desarmonia, e voando rapidamente para longe de tudo isto.

Portanto, se o Beija-flor voou para dentro de seu jogo hoje, prepare-se para desfrutar as muitas dádivas que lhe são oferecidas pelo Criador e para rir o mais inebriante e musical dos risos. Desarme seu comportamento crítico e relaxe, pois o Beija-flor vai lhe enviar um poderoso influxo de energia criadora, renovadora e libertadora que mudará radicalmente sua percepção da realidade.

O Beija-flor escuta a música celestial e voa embalado por seu ritmo, sendo fortemente atraído pelos mais altos ideais estéticos. É por isso que as pessoas do totem do Beija-flor estão sempre convidando os amigos para teatros, concertos e museus. Nunca seja grosseiro ou agressivo diante de uma pessoa do totem do Beija-flor, pois sua energia é frágil e, frequentemente, distanciada das preocupações pragmáticas da vida cotidiana. A beleza é a meta do Beija-flor e sua missão é conquistá-la ou ser destruído. Lembre-se de que o Beija-flor não pode ser capturado nem mantido em cativeiro, pois morre rapidamente quando aprisionado.

Utilize a magia do Beija-flor e você será preenchido por ondas de alegria que proporcionarão uma renovação do prazer de viver.

CONTRÁRIA

Se o Beija-flor apareceu em suas cartas na posição invertida, isto é sinal de problemas de coração. Você está com o coração fechado ou empedernido? Cometeu uma injustiça ou uma crueldade com alguém, fazendo com que essa pessoa deixasse de o amar ou estimar? O Beija-flor na posição contrária é indicador de tristeza e incapacidade de perceber todas as bênçãos que nós, os Duas-Pernas, recebemos continuamente da beleza primordial que nos cerca. Se o Beija-flor na posição invertida cantou sua canção de lamento, é sinal de que você necessita empreender uma viagem ao cerne de seu sofrimento para ser capaz de descobrir que o seu arrependimento nada mais é do que outro reflexo de sua felicidade.

Notas

Sobre a ilustradora

Angela Werneke é uma artista que encara seu trabalho como um instrumento de cura e de nutrição para a Terra. Seu trabalho visionário ilustrou as obras: *Heart of the Christos*, de Barbara Hand Clow e *The Golden Cauldron*, de Nicki Scully. Tem recebido amplo reconhecimento como ilustradora de livros, o que inclui *Medicine Cards, Keepers of the Fire* e *A Painter's Quest*. Angela Wemeke vive retirada no deserto do noroeste do estado norte-americano do Novo México, em companhia de seu cachorro e de seus gatos.

Impressão e Acabamento:
EDITORA JPA LTDA.